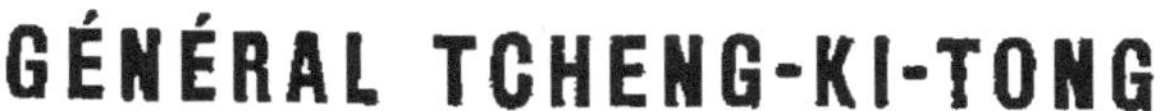

GÉNÉRAL TCHENG-KI-TONG

LES
PARISIENS

PEINTS

PAR UN CHINOIS

DEUXIÈME MILLE

PARIS
BIBLIOTHÈQUE-CHARPENTIER
11, RUE DE GRENELLE, 11

1891

LES PARISIENS

PEINTS PAR UN CHINOIS

Général **TCHENG-KI-TONG**

LES PARISIENS

PEINTS PAR UN CHINOIS

DEUXIÈME MILLE

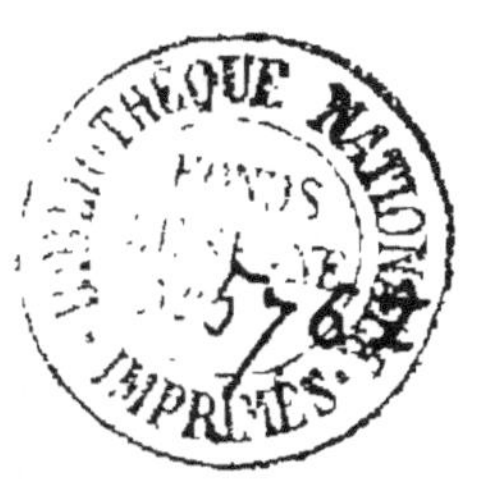

PARIS

BIBLIOTHÈQUE-CHARPENTIER

11, RUE DE GRENELLE, 11

1891

PRÉFACE

Les pages qui suivent ont pour but de faire pénétrer le lecteur européen dans l'intimité d'un cerveau chinois, de montrer quelles idées a pu suggérer à un citoyen de l'Empire du milieu, le spectacle éblouissant présenté par la ville de Paris, pendant l'Exposition.

On verra que mon compatriote dit tout franchement ce qu'il pense : qu'il touche, tour à tour, à des sujets bien différents ; qu'il fait des excursions, un peu au hasard, dans la société européenne, et rapporte chaque jour un certain nombre de faits curieux, d'observations qui l'ont frappé, pour les mettre en parallèle avec ce qui se passe dans son pays.

L'on s'apercevra vite que le jugement du voyageur est très impartial. Il apprécie sans préjugé. Il n'est pas avare de louanges. Il ne se borne pas toutefois, à cette admiration banale qui ne va pas au fond des choses. Aussi, il critiquera souvent, toutes les fois qu'il le jugera nécessaire, mais toujours avec mesure, avec ces égards pour l'opinion d'autrui qui, seuls, rendent possible une discussion courtoise.

La sincérité, unie à la sympathie, ne saurait déplaire au lecteur français. C'est donc plein de confiance dans le jugement bienveillant du public, que je lui soumets les *Impressions d'un Chinois à Paris*.

LE MARIAGE

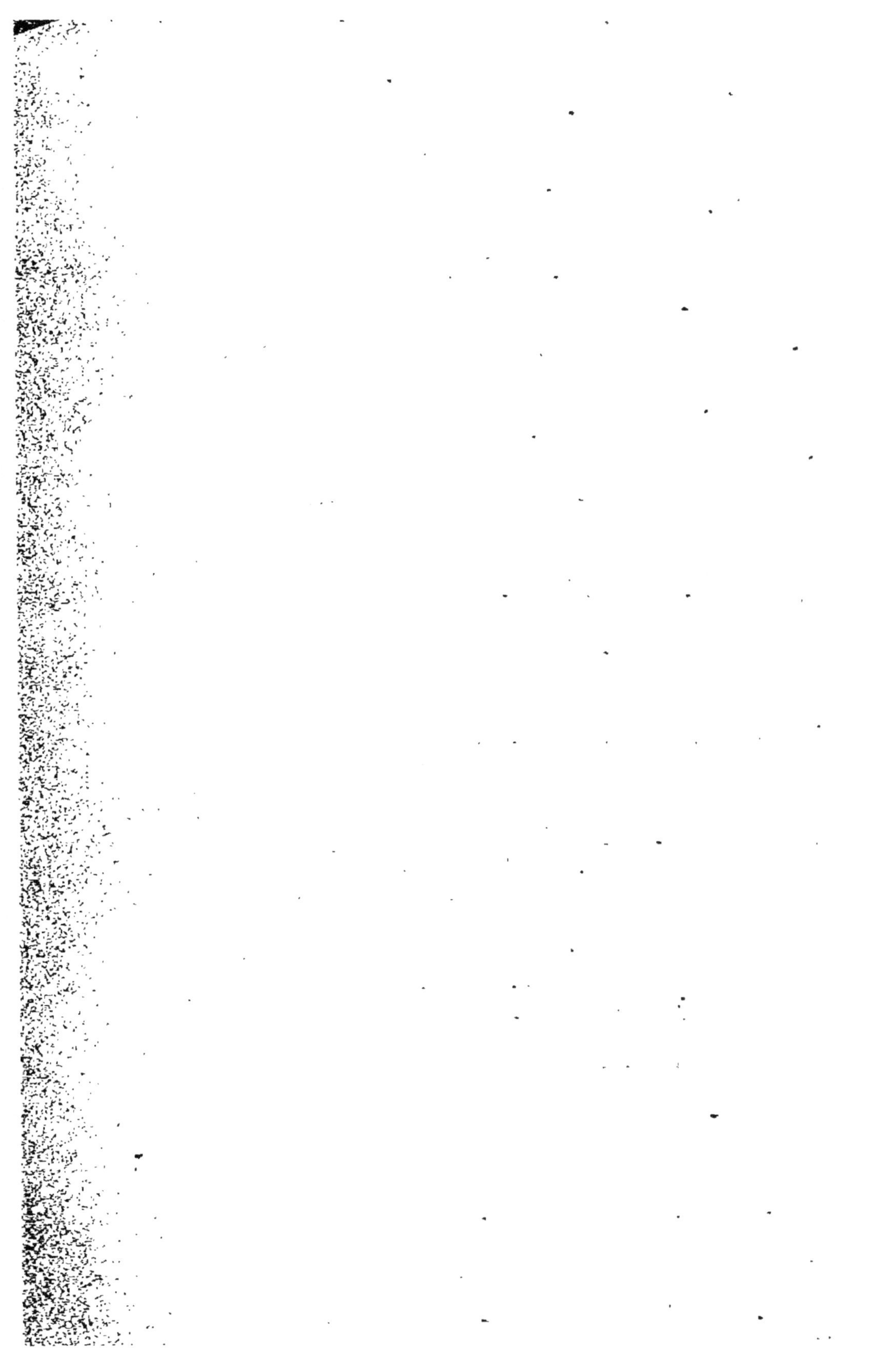

LE MARIAGE

J'ai lu, il y a quelques jours, dans les journaux, l'annonce d'une nouvelle mais curieuse *Ligue contre le Mariage*, fondée tout récemment, en Angleterre, par l'initiative de Mme Mona Caird.

On parlait en même temps de demandes d'adhésion, adressées à MM. A. Dumas et E. Zola.

Bien que très surpris de cette création sans précédent, je ne voulais pas me prononcer avant de connaitre l'opinion de ces deux écrivains : aujourd'hui, grâce au *Figaro*, j'ai devant les yeux le résumé des réponses par eux adressées au *Daily Telegraph*.

M. Zola ne s'intéresse pas beaucoup à la question

1.

du mariage, qu'il considère comme une institution
vieille et mauvaise, autant que l'Église, et qui n'exis-
tera que tant qu'on n'aura pas trouvé quelque chose
de meilleur pour la remplacer.

Quant à M. Dumas, il laisse la question complètement indécise et en abandonne la solution aux intéressés : se mariera qui voudra, d'après lui ; il n'y a
pas de loi qui vous force à vous marier ; il n'en est
même pas qui contraigne le séducteur à épouser la
fille séduite : les adversaires du mariage n'ont donc
pas à rechercher l'appui de la loi, qui ne fait rien ni
pour eux, ni contre eux.

Vraiment, je m'attendais à quelque chose de plus
net... et de plus énergique : les passages cités plus
haut m'ont donc causé une grande déception.

Je ne sais pas par quelle institution préférable
M. Zola espère voir remplacer le mariage et je regrette
que l'auteur nous laisse dans l'ignorance sur ce point.
Il a l'air de ne tolérer l'union matrimoniale que jusqu'à nouvel ordre et sous toutes réserves. A-t-il l'intention de hâter la fin du monde ? Je ne le pense pas.
Veut-il nous voir revenir à la promiscuité de l'état
barbare ? Mais alors il faudrait d'abord en finir avec
la civilisation. Voyez-vous d'ici un monde entier de
relations sexuelles établies dans le méli-mélo le plus
absolu ? Certes, M. Zola ne peut pas plus désirer la
réalisation de l'une que de l'autre des deux hypothèses
que nous venons d'émettre. Il ne veut pas ! Alors que
veut-il ? Nous n'en savons rien, et il me paraît qu'il
n'en sait pas grand'chose lui-même : il ne se prononce

pas, il n'entrevoit pas de moyen destiné à remplacer ce mariage qu'il déclare vieilli. Il ne peut donc prétendre avoir répondu à la question de Mme Mona Caird.

Je comprends qu'on propose de remplacer certaines institutions politiques ou administratives lorsque, devenues trop vieilles, elles ne concordent plus avec le caractère des temps modernes. Mais le mariage n'est pas une institution : c'est un besoin de. nature auquel l'être humain est forcé de se conformer, et qu'on a simplement entouré de quelques garanties, pour mieux assurer le bonheur des époux et de leur descendance. L'Etat ou l'Eglise n'est qu'un témoin, un simple auxiliaire, adjoint à l'acte. Si vous voulez remplacer ce témoin par un autre, je n'y vois pas d'inconvénient: mais annihiler le mariage, qui est vieux comme le monde, ce ne serait plus une théorie politique ou religieuse, mais la négation même de la nécessité de nature qui pousse l'homme et la femme à s'unir, pour vivre ensemble et se perpétuer. Pourquoi ne pas créer, alors, une *Ligue contre le boire et le manger ?* On en retrouverait aussi l'idée dans la plus haute antiquité tout comme celle de la chasteté absolue ; et quelle utilité dans cette Ligue, autrement rationnelle que celle contre le mariage : plus de nourriture, plus de travail, plus de peines, de luttes économiques, de guerre entre nations pauvres et peuples riches, de combats entre patrons et ouvriers : l'humanité, sans agriculture, sans éleveurs, sans boulangers, bouchers, restaurants, marchands de vins, etc. ; sans faim ni soif, sans intérêt ni capital, vivrait désormais dans un rêve idéal, dégagé de toute absorption grossière ; dans cette contemplation perpétuelle du Beau infini, qui charme les extases du fakir indou.

Supprimer le mariage, sans anéantir le peuple, ressemble beaucoup à l'abolition de la discipline dans l'armée, qui n'existe que par la discipline : la contradiction, ici, est dans la proposition même. Je sais que quelques personnes ont fait ce rêve, d'avoir une armée parfaitement organisée, sans la discipline, essence même de toute l'organisation : voit-on l'étrange corps de troupes constitué, non pas même par le suffrage de tous, mais, ce qui est bien différent, par la fantaisie de chacun : quelle entente, quelle direction, quelle unité d'armement, de tactique, de stratégie!

M. Dumas est, lui, un peu plus humanitaire : tout en n'encourageant pas le mariage, il dit à ses semblables que la loi ne les oblige pas, qu'ils sont, par conséquent, libres de se marier ou de ne pas se marier. Le pauvre Panurge est bien servi : Marie-toi, ne te marie pas !

J'admire la générosité avec laquelle l'auteur nous laisse la liberté de choisir. Malheureusement, tout en parlant de lois, il a, lui aussi, oublié celle de la nature. Que conseille-t-il à ceux qui ne se marieront pas? Que recommande-t-il à qui se marie? Sur les deux points, il est également muet, et je le regrette, et pour nous, et pour lui.

Si la loi ne nous oblige pas à nous marier, c'est que la nature ne se laisse pas dicter de lois : il n'est pas de constitution qui nous ait imposé de faire deux ou trois repas par jour : cela ne nous empêche pas de boire et manger. Et personne ne s'avisera de dire à l'affamé : « Mangez, ou ne mangez pas ! »

Chez les sauvages à peine sortis de l'état primitif, dont aucune loi ne règle l'existence, qui ne payent pas d'impôts, ne font pas de service militaire, etc., etc., le mariage existe, et, d'après les récits des voyageurs, il est, dans certaines régions, célébré en grande pompe.

La loi se trouvait d'autant plus désarmée, que la loi de nature exerce ici une action plus puissante ; que sa voix impérieuse rend inutile et superflue toute réglementation législative. Le mariage, en effet, est une obligation naturelle plus inévitable qu'aucune obligation civile. Il est institution si nécessaire, qu'il s'impose aux hommes avec tous les caractères d'un acte obligatoire. Bien plus : la tendance qui nous pousse à nous unir, pour vivre de l'existence normale et « croître et multiplier », peut se passer de toutes les voies de droit : nous avons déjà vu qu'elle n'avait nullement besoin d'être établie par une législation civile ; mais, résultat autrement étonnant : le droit naturel, ici, fonctionne aussi comme droit criminel ; il possède sa sanction particulière, ses pénalités propres ; il frappe infailliblement le coupable, que rien, pas même la fuite, ne peut soustraire au châtiment. Il a sa statistique pénale fournie par la comparaison des résultats de célibat avec ceux du mariage. Terrible enseignement qui devrait faire ouvrir les yeux et les bras aux célibataires les plus endurcis. C'est d'abord toute la série

des manies inséparables de la qualité de vieux garçon
et de vieille fille. Puis viennent les maladies, plus ou
moins sérieuses, produits d'une existence contraire à
la nature des choses, et dont la plus grave, frappe
dans sa raison même, le coupable de célibat trop prolongé ; enfin la peine de mort, ne sera jamais, ici,
abolie dans aucun pays, par aucun régime ! « Célibataire, tu abrèges ta vie, tu es ton propre bourreau ! »
crie la statistique impitoyable.

Ne voit-on pas que le législateur n'a rien à faire
dans notre cas : qu'il est incompétent ; qu'il ne saurait jamais inventer d'obligation plus forte que celle
trouvée par la nature, ni de châtiments plus redoutables
que les maux dont elle frappe ceux qui s'insurgent
contre ses décrets ? Une loi ne constituerait qu'un
pléonasme inutile et impuissant ; inutile pour faire des
mariages ; impuissant à les empêcher : et cela, fort
heureusement pour le pauvre genre humain : la liste
des méfaits du célibat est déjà bien assez grosse.

Chez nous, la liberté individuelle n'existe pas et
aucune loi n'ordonne le mariage : la loi n'a fait que
régulariser les cérémonies coutumières auxquelles le
peuple se conforme tout naturellement, sans savoir si
la législation s'est, oui ou non, mêlée de la question.
Cela n'empêche pas le mariage d'être florissant en
Chine et d'y augmenter notre population dans une pro-
portion qui n'a rien à envier à aucune autre partie du
globe. En Europe, chacun est libre et, par une contradiction étonnante, l'on est assez naïf pour subordonner
la question du mariage aux lois. Ce serait, surtout,

bien drôle, si l'on voyait les gendarmes ou les huissiers arriver en troupes, pour vous forcer à épouser : et, logiquement, on devrait en arriver là, chez des nations où la loi favorise le mariage de toute la puissance de son autorité : ce qui, du reste, n'empêche pas la population de rester stationnaire. Le mariage, tel qu'il se pratique en Europe est profondément illogique : il devrait avoir pour conclusion nécessaire... le mariage obligatoire. On a fait, il faut l'avouer, quelques progrès dans ce sens; chacun le sait : il était question, il y a peu de temps, d'un impôt sur les célibataires : conclusion légitime d'un état social où la loi intervient pour régler jusqu'aux moindres choses qui peuvent intéresser les époux.

Je ne sais plus dans quel journal j'ai lu autrefois qu'un général, en congédiant ses soldats, leur adressa ce petit discours : « Allez et tâchez de faire augmenter la population de la France : sinon, nous serons forcés de faire venir des Chinois! »

C'est là, certainement, le comble du mariage par l'État et je ne crois pas que les utopistes les plus singuliers aient rien inventé de plus bizarre et de plus logique, ni trouvé de système à la fois plus insensé et plus rempli d'esprit de suite.

Si vous voulez maintenir les formalités religieuses ou civiles, imitez ce général, mille fois plus conséquent avec lui-même que M. Zola dans son pessimisme sceptique, et M. Dumas dans son indifférence. Prétendez-vous, au contraire, supprimer toutes ces réglementations? faites comme chez nous : rendez au mariage son véritable caractère : celui d'une institution de famille, faite pour la famille, par la famille.

Le mariage, contracté avec les formalités religieuses et civiles qui l'accompagnent actuellement en Europe, présente des inconvénients et, pis que cela, des dangers terribles ; au lieu de protéger l'union et l'harmonie de la famille, il est devenu une cause de discordes, de haines, de procès, de scandales sans fin : il se résout, définitivement, en un conflit incessant d'intérêts opposés.

Je crois que le mariage doit et peut être autre chose : qu'il redevienne, comme il l'est dans mon pays, un acte purement familial, et toutes les difficultés seront aplanies ; les discordes, évitées ; les procès, inutiles ; les scandales, impossibles. C'est la meilleure des solutions, et la seule.

Les religions passent, les constitutions s'effacent : la famille reste, immortelle comme la loi de nature qui l'a appelée à l'existence.

LA FIÈVRE

LA FIÈVRE

Si la civilisation moderne procure au peuple les facilités de communication, le confortable, le bien-être, etc., qu'il ne connaissait pas jadis, elle produit aussi ce résultat qui, aux yeux de rétrogrades comme moi, paraît très curieux : l'agitation perpétuelle dans laquelle on vit aujourd'hui.

Les Européens d'opinions différentes, se traitent mutuellement de fous, sans compter d'autres épithètes dont ils se bombardent journellement. J'ai visité l'hôpital de Charenton : j'ai pu me convaincre qu'on s'injurie avec beaucoup d'exagération. Mais, s'il n'y a pas folie, il y a une maladie cependant. Comment la dénommer ? Les médecins s'en chargeront ; pour moi, je me borne à constater un symptôme : la fièvre, dont souffre incontestablement le public.

Ce phénomène n'est pas difficile à établir : pas besoin de tâter le pouls au malade ! Il suffit d'ouvrir les yeux et de les porter, au hasard, sur n'importe qui, pour voir se manifester le malaise.

Je vais par les rues, sans but déterminé : la première chose qui frappe mes regards, c'est une multitude de ces papiers imprimés, blancs ou jaunes, qu'on appelle des journaux, et que des machines — qui s'agitent, elles aussi, comme des folles — déversent dans les rues, à quarante mille par heure.

Entrons dans un de ces ateliers qui fabriquent ces feuilles par millions : une chaudière énorme communique un mouvement d'une rapidité insensée à des centaines de rotatives ; un immense rouleau de papier tourne à vous donner des éblouissements et se tord comme un serpent entre les clichés, pour sortir, après une course fantastique, noirci et tout coupé : des bras de fer empoignent les feuilles, les élèvent, et les rabattent sur la table, à seize d'un coup, avec un mouvement furieux et une hâte infernale.

Quoi d'étonnant à ce que de pareilles productions enfièvrent la nation qui les consomme. Dans la rue, on court, on s'arrache ces papiers ardemment désirés ; rentiers, ouvriers, employés, tous les parcourent avec un empressement égal ; la bourse s'en nourrit, le cocher s'en repaît sur son siège, et le concierge, assis sur le pas de sa porte, plonge passionnément dans le flot des nouvelles, vraies ou fausses, que lui apporte sa gazette. Il n'est pas jusqu'au paysan qui n'ait été atteint par cette contagion universelle; le journal à un sou, à commencer par le plus répandu de tous, le *Petit Journal*, a envahi la campagne, jusqu'alors paisible, et enfiévré ces populations calmes de la province.

Tout ce monde lit, cherche, examine, délaisse ses affaires, pour s'occuper de celles d'autrui. Et ce n'est pas seulement de son pays, de ce que font ses propres gouvernants, qu'il s'occupe ainsi; il prétend connaître la terre tout entière et savoir, de par ces quatre pages, tout ce qui se passe à la surface du globe. Sur les larges boulevards de ses villes et dans leurs plus petites ruelles, comme du fond des campagnes les plus retirées, chaque Européen veut être au courant des faits et gestes des peuples et des souverains, des actes des ministres et des moindres méfaits du plus ignoré des agriculteurs.

Les entrevues des diplomates, la moindre parole d'un monarque, les discours les plus insignifiants prononcés dans un banquet, deviennent autant de sources de commentaires infinis et de discussions interminables. On cherche, on examine, on échafaude hypothèses sur hypothèses; et l'on dépense un temps précieux en ce travail mental inutile et improductif, puisqu'il ne repose jamais sur aucune donnée certaine.

Cette curiosité se limite-t-elle du moins à une spécialité? Nullement! De même qu'elle s'étend à tout l'espace, elle veut embrasser les actions humaines dans leur universalité la plus grande. La politique, — chez nous, réservée à des spécialistes, — ne suffit pas à son activité dévorante; elle engloutit sciences, lettres et arts, commerce et industrie, crimes et dévouements, mariages, naissances et décès. L'Européen, dès l'aube, absorbe les discours des hommes d'État, mêlés aux nouvelles découvertes de la chimie; il hume le compte rendu de la dernière pièce, avec le récit détaillé du crime le plus récent; il aspire avec bonheur le parfum acide des éruptions volcaniques, et se délecte, en s'assimilant les délits quotidiens du grand et du petit monde.

Et comme si la fièvre n'était pas assez forte, les propagateurs de la maladie se servent de tous les moyens possibles pour l'exalter encore : affiches, réclames, crieurs, excitent l'imagination du public, lui offrent les scandales les plus frais, et lui en inventent, quand il n'y en a pas.

La contagion est si puissante, d'ailleurs, que personne n'y échappe : moi-même, je sais que je suis incurablement atteint; à tel point que, lorsqu'un de mes compatriotes, arrivant de Chine, vient me demander conseil, je commence par lui recommander les journaux, qui lui en apprendront plus que professeurs et livres. Je contribue ainsi, quoi que je veuille, à répandre la maladie; j'ai une excuse, du moins : « Lorsque vous arrivez dans un pays, dit Confucius, commencez par vous renseigner sur ses mœurs et par vous y conformer. » Je suis le précepte du sage, quelque désolé que je sois d'en faire cette application spéciale.

Si, des journaux, nous passons aux affaires, même agitation. Les Européens, aujourd'hui, ont une grande partie de leurs capitaux placés en valeurs mobilières, actions, obligations, rentes, etc. A la moindre alerte, tout dégringole : fait-il un rayon de soleil, tout monte à des hauteurs prodigieuses. Autour du temple de la spéculation, la foule s'amasse, s'afflige, espère, crie, offre, prend, gagne, perd, la plupart du temps sans savoir pourquoi ni comment. Les fortunes se font et se défont en une seconde, comme les châteaux de cartes qu'un enfant construit d'une main tremblante et fait crouler d'un mouvement imprudent. Quelle fièvre que celle de la Bourse et quelle horrible maladie, avec ses morts innombrables!

J'en dirai autant des courses, de tout leur attirail de jockeys et de bookmakers; les parieurs s'y ruent avec frénésie, risquent leur avoir sur un renseignement plus ou moins authentique et s'en reviennent, heureux ou désespérés de ce que le nez d'un cheval a dépassé celui d'un autre. Toujours le même malaise, sous une autre forme.

Y a-t-il au moins une ligne de conduite suivie, dans cette rage qui précipite en avant les populations? Rien de plus illogique, au contraire. Dans le grand monde, où la fièvre de briller, d'éclipser ses rivaux, efface toute autre préoccupation, les contradictions se présentent sous un aspect souvent réjouissant : je n'en veux citer qu'une entre mille : pourquoi achète-t-on des chevaux fringants, capables de rivaliser de vitesse avec le chemin de fer? Pour dévorer l'espace, direz-vous? Point du tout : pour faire, tout doucement, au pas, une promenade au Bois-de-Boulogne, qui rappelle

la lenteur du chariot des Mérovingiens, attelé de bœufs
« tranquilles et lents ».

Je n'ai jamais eu à me préoccuper, en Chine, de ces
symptômes maladifs de l'activité surexcitée. Le peuple, chez nous, ne s'occupe pas de politique et serait
bien étonné, si l'on lui conseillait de s'en occuper. La
femme même du fonctionnaire ignore quelles sont
les attributions de son mari et ne cherche pas à le savoir. La presse n'existe pas, ou du moins est tout à
fait élémentaire. Les citoyens ne commentent pas les
événements politiques et même les ignorent presque
toujours.

Nos fonds, au lieu de s'évanouir en spéculations
hasardées, se placent dans la terre, qui paye sûrement, et n'a à redouter que les accidents climatéri-
ques, contre lesquels l'homme est impuissant. Aussi,
n'avons-nous, ni fortunes subites, ni ruines impré-
vues.

Les courses nous sont inconnues, comme la Bourse :
encore une cause de désastres qui nous manque.

Enfin, nous faisons ce que nous voulons dans un
but toujours déterminé : jamais un Chinois ne pense-
rait à acheter des chevaux extra-rapides pour marcher
extra-lentement.

En toutes ces choses, nos deux civilisations sont
contradictoires : nous pensons, nous agissons autrement que les Européens. Est-ce un bien ? Est-ce un
mal ? Je n'en sais rien, l'avenir seul peut établir cette
démonstration.

L'EXPOSITION

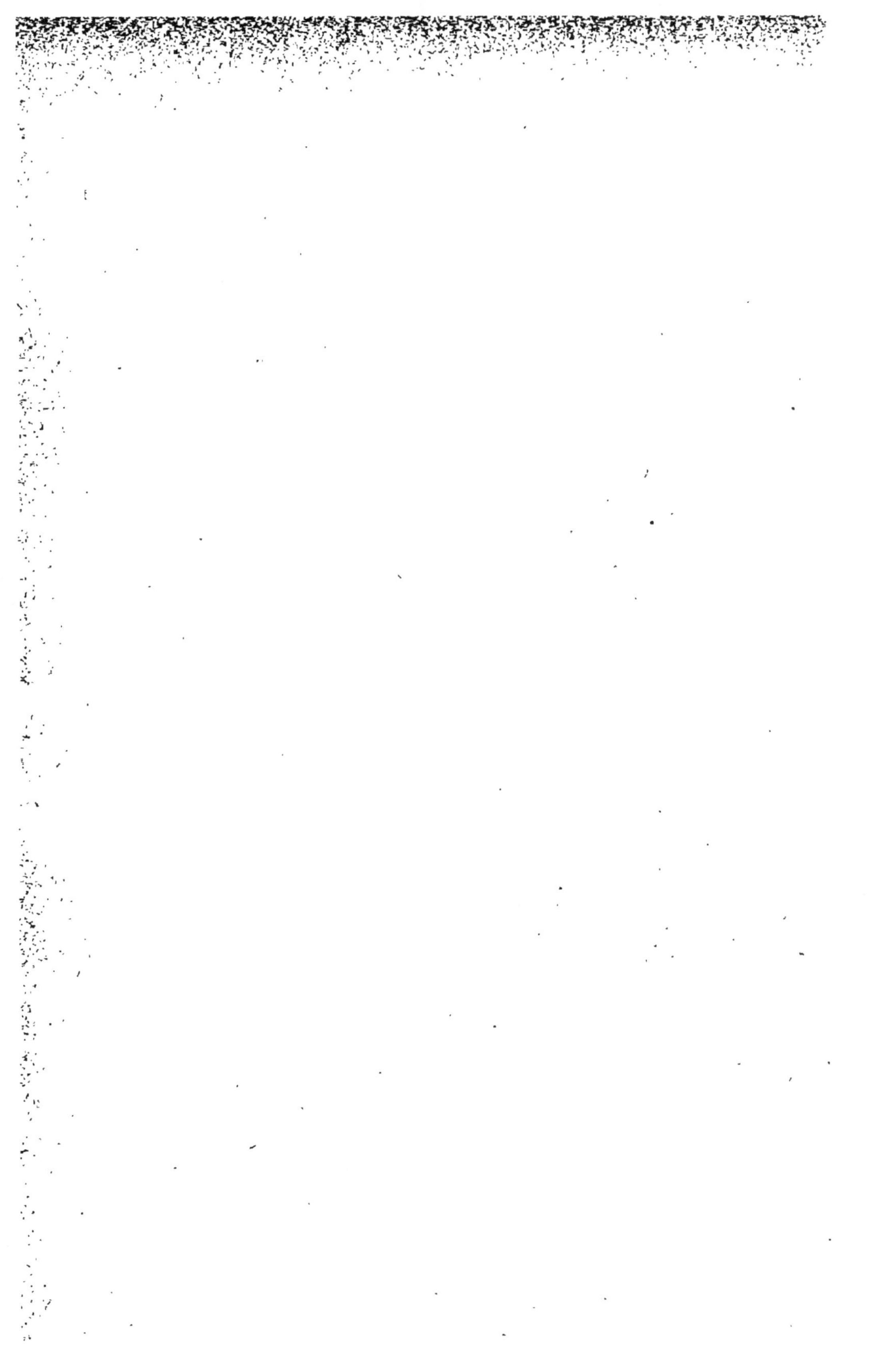

L'EXPOSITION

Je ne sais quel est le journal qui m'a prêté ce mot (je crois que c'est un journal de province) : « Les mandarins se cotisent pour venir voir la tour Eiffel. » La phrase est si amusante, que je n'ai pas jugé utile de la nier. Mais, en vérité, les mandarins ne se sont pas cotisés. Ils sont venus, bel et bien, chacun à ses frais personnels, voir l'Exposition et, tout naturellement aussi, la tour Eiffel.

Beaucoup d'entre eux, n'ayant jamais quitté le sol de la Chine, et ne parlant aucune langue européenne, sont venus me prier de leur servir de *cicerone*. De sorte que, passant la plus grande partie de mes journées à l'Expo...tion, j'ai été, pendant quelque temps, le plus exposé des exposants.

D'autres, qui savaient un peu de français, ont pu pénétrer seuls dans les palais du Champ-de-Mars. Je crois que la lettre suivante, à moi adressée par l'un d'eux, résume assez bien les diverses impressions que mes compatriotes ont dû ressentir.

Mon cher compatriote,

Je ne saurais vous dire combien j'ai regretté de ne pouvoir visiter, avec vous, l'Exposition universelle de 1889. Vous m'eussiez sans doute expliqué beaucoup de choses que, tout seul, je n'ai pas très bien comprises et sur lesquelles il m'a été impossible de vous demander votre avis, pendant les quelques instants que j'ai passés en votre compagnie, avant de prendre congé de vous.

Je viens donc vous dire ce que j'ai vu et entendu ; je vous prie de me répondre et de rectifier les idées erronées que j'ai pu me former.

J'ai, d'abord, constaté une chose qui m'a stupéfié comme elle vous stupéfiera, et que je ne croirais pas moi-même, si je ne l'avais vue. C'est que Paris est une très grande ville, dans laquelle on en a enfermé une bien plus grande encore, qu'on appelle l'Exposition. Ça paraît absurde, et c'est vrai, pourtant. On y voit, en effet, non seulement ce qu'on voit à Paris, mais bien d'autres choses encore. On y aperçoit, comme dans les rues de Paris, des meubles, des bijoux, des carrosses, du chocolat, des femmes très polies qui vous font de petits yeux doux, des fleurs, des produits chimiques, des gardiens de la paix, des enfants très jolis et très bien mis, des machines à vapeur, des lampes électriques, des gens qui se disputent, des journaux et des restaurants. Mais on y trouve aussi des chemins de fer qui marchent, des vignes qui portent du raisin, des tunnels, des ponts, des maisons bâties il y a quatre mille ans, des sauvages de tous les pays du monde, des grottes qu'on habitait il y a trois mille siècles, des mines d'argent, et, enfin, une espèce d'échelle en fer, qui monte, monte et n'en finit pas, et qu'on appelle la tour Eiffel. On peut aller jusqu'en haut, par un escalier ; mais on préfère s'y faire monter dans une espèce de caisse à deux étages, qui vous tire avec un bruit effroyable et vous porte au sommet, avant que vous ayez le temps de réciter trois préceptes de *Confucius*.

A propos de cette tour, j'ai fait une observation assez curieuse. J'ai lu, autrefois, que dans un pays de l'ouest, les habitants avaient voulu construire une tour, pour aller au ciel et que leur Dieu les avait punis, en confondant leurs langues. Eh bien ! c'est la même chose pour la tour Eiffel ! Les langues sont si bien confondues, qu'on entend à l'Exposition toutes celles du globe, excepté le français, et cela s'étend jusqu'à l'imprimerie ; là aussi, la confusion est si complète, qu'on peut lire, à côté du petit chemin de fer Decauville, des affiches dans toutes les langues possibles, vous priant de ne pas sortir la tête, ni les pieds ; celle en chinois était parfaite et j'ai trouvé, pour ma part, que la confusion des langues, cette fois, était arrivée bien à propos.

Je n'ai eu qu'à me louer, en général, de la politesse de chacun, en passant dans des foules énormes, qui s'assemblent sans qu'aucun accident ne se produise. Cependant j'ai entendu quelque fois : « Oh ! regarde donc ! Un Chinois ! » On m'a dit que les gens qui faisaient de ces exclamations n'étaient pas des Parisiens, mais venaient d'un pays très éloigné qu'on appelle la province et dont la capitale est Landerneau. Une fois même, comme j'étais tout seul dans un palais assez sombre du sud de l'Afrique, une petite brune aux yeux éveillés s'est avisée de me tirer ma natte. J'ai trouvé cela très inconvenant et je lui ai donné, sur les doigts, un bon coup de mon éventail. Elle s'est sauvée, en riant aux éclats, pour cacher sa confusion, sans doute.

Dans un immense bâtiment, qu'on appelle le palais des Beaux-Arts, j'ai vu des choses admirables. Il y a d'abord une grande salle remplie de statues de marbre, de bronze ou de plâtre, qui représentent des dieux, des déesses, des empereurs, des hommes célèbres, des taureaux furieux, des demoiselles changées en sources, des singes qui emportent des femmes, des soldats qui se battent, des nourrices qui allaitent leurs petits enfants, en un mot, tout ce qu'on peut imaginer. J'ai trouvé presque toutes ces statues extraordinairement bien faites. Il y a toujours beaucoup de monde devant un immense tableau en marbre, où un monsieur très gros, parle avec une colère terrible, à un jeune homme, qui a l'air très insolent. Derrière eux, une foule de gens sont assis sur des banquettes ; les uns ont peur, les autres sont contents, d'autres ne savent que penser. C'est saisissant ! On dirait que le gros homme en colère va prendre le jeune insolent à la gorge, pour lui apprendre à respecter les gens âgés. J'ai cru comprendre, d'après ce qu'on disait autour de moi, que le gros homme et ses compagnons, faisaient partie d'une espèce de tribunal des censeurs et que le jeune insolent voulait les empêcher de se consulter sur le bien-être du peuple, comme cela est prescrit par Confucius, Mencius et tous nos sages. En Chine, jamais un jeune homme ne se permettrait de ces insolences vis-à-vis des censeurs. Il y a, en bas du tableau de marbre : « Allez dire à votre maître !... »

Je suis monté au premier étage, où j'ai contemplé des peintures. J'en suis encore tout ébloui : on voit des champs infinis, peints sur un tout petit bout de toile ; des portraits de toutes sortes ; des paysans qui labourent, avec un air fatigué et mélancolique ; des couchers de soleil ; des montagnes, voilées de brume, ou blanches de neige ; des chaumières, doucement illuminées par la lune ; des bateaux, sur un petit lac, avec des saules ; enfin, toutes les scènes de la nature, reproduites sur toile avec une fidélité étonnante.

A ce propos, il faut que je vous parle de quelque chose que je ne comprends pas très bien. Il y a ici un *Salon* et des *amateurs*. Le Salon est un grand édifice, dans lequel on expose, chaque année, les nouveaux tableaux des peintres : il y a un comité qui admet les bonnes peintures et repousse les mauvaises. Les amateurs sont des gens très riches et qui ont du goût pour leur argent. Ils achètent les tableaux dont tout le monde dit du bien, ce qui démontre leur connaissance parfaite de la peinture. Eh bien, il paraît que le Salon repoussait régulièrement, autrefois, les tableaux d'une foule de grands peintres, appelés Corot, Delacroix, Rousseau, Millet, d'autres encore, et que les amateurs, de leur côté, ne voulaient de ces tableaux à aucun prix : ils préféraient acheter, au poids de l'or, des œuvres d'artistes dont personne ne sait plus le nom.

Aujourd'hui, tout est changé. Les refusés du Salon de jadis font l'ornement de l'Exposition universelle et les amateurs qui ne voulaient pas de ces tableaux, même pour rien, les payent chacun d'une fortune. C'est très drôle. Beaucoup de tableaux et de statues représentent des femmes nues et même des hommes aussi peu vêtus. Cela m'a gêné d'abord. Mais j'entendis un de mes voisins expliquer à son ami que le nu était décent et que l'indécent consistait à n'être qu'à moitié habillé. J'avais pourtant, la veille, assisté à une représentation, à l'Opéra, où toutes les spectatrices n'étaient qu'à moitié habillées! Pourquoi le leur permet-on, si c'est indécent?

Le Palais des Machines est quelque chose d'énorme. Quand j'y entrai, il y avait tant de foule en bas que je ne voyais que les courroies de transmission. Je montai au premier et m'assis sur une sorte d'estrade en fer qui, tout à coup, se mit à marcher en glissant lentement sur deux barres de fer, et me porta ainsi à l'autre bout de la galerie. En bas, les machines remuaient des bras gigantesques; de grosses tiges de fer descendaient, puis remontaient d'un air menaçant; d'immenses roues tournaient, en nous envoyant des courants d'air froid. Une papeterie nous montrait le papier, qui se faisait tout seul, en partant d'une pâte grisâtre, pour arriver à se transformer en large bande parfaitement blanche, de plusieurs milliers de mètres de longueur, enroulée autour d'un gros morceau de bois rond. Que sais-je encore! Il est impossible de tout décrire. J'ajoute cependant, qu'on me fit voir, en bas, un atelier, où un Américain nommé Edison, prend la voix des gens et la colle sur un rouleau de cire qui tourne. Vous n'avez qu'à envoyer le rouleau à vos amis, qui le font tourner de nouveau : aussitôt la voix se met à reparler, autant de fois qu'on veut. Pourtant, les Européens reprochent à leurs femmes d'être bavardes. Que sera-ce donc, maintenant qu'on a fait cette invention incroyable !

Je sortis, tout étourdi, et pris le petit chemin de fer, des deux côtés duquel on peut voir la confusion des langues en affiches multicolores. Je passai devant un palais, où l'on a exposé tout ce qui peut se manger et boire : l'on peut y voir des machines qui coupent le blé, le battent, transforment le grain en farine et la farine en pain. On n'a qu'à mettre un champ de froment mûr à un bout de la galerie pour voir les petits gâteaux sortir de l'autre. A côté de moi, une bonne grosse maman disait à ses enfants que nous allions arriver aux Invalides.

— « Qu'est-ce que c'est que ça, les Invalides? fit le petit garçon.

3.

— Les Invalides, répondit sa petite sœur, qui paraissait avoir beaucoup d'esprit, les Invalides, c'est les nègres ! » Je n'ai pas compris.

Le petit chemin de fer s'arrêta en sonnant de la cloche, comme un de ces temples appelés églises, et je descendis.

Je me trouvai bientôt devant une espèce de fortification, qui donne accès sur un grand bâtiment blanc : c'est l'exposition du ministère de la guerre. On y voit, d'abord, tous les moyens de se tuer convenablement, de près ou de loin, employés depuis l'antiquité, jusqu'à nos jours : sabres, couteaux, lances qui tuent à bout portant ; revolvers qui tuent à dix pas ; fusils qui tuent à deux kilomètres ; petits canons Maxim, qui tuent à deux lieues ; et gros canons Canet qui tuent à cinq. Il y en a pour toutes les distances, avec des projectiles de tout calibre, depuis la balle de plomb, fine comme une olive, jusqu'au boulet d'acier, gros comme un tonneau. Les gros boulets partent un à un. Pour les petites balles, une pièce peut vous en envoyer 300 à la minute, autant qu'un régiment. On charge les pièces à la main, à la vapeur, à l'électricité ; on les décharge de même ; elles partent toutes seules, et les gens tombent foudroyés, sans savoir comment.

Je me suis laissé dire que, bientôt, avec toutes les nouvelles poudres noires ou blanches, fines ou grosses, à grains carrés ou ronds, qu'on invente maintenant, on pourra tirer encore bien plus loin. Ça m'a fait plaisir : avec le progrès, les projectiles finiront par aller tous jusqu'à la lune. Le palais de la déesse lunaire sera peut-être endommagé, mais les hommes s'en porteront bien mieux.

A côté de l'édifice où l'on apprend à casser les gens en morceaux, se trouve un établissement où l'on enseigne les diverses manières de les raccommoder. Il y a des wagons pour les blessés, des pansements, des appareils de fausses jambes, de faux bras, de faux nez, de fausses têtes pour rarranger les soldats abimés. Peut-on se donner tant de peine, d'abord pour mettre les hommes en pièces et, ensuite, pour les rajuster! Il vaudrait bien mieux les laisser entiers, comme ils sont naturellement.

J'ai été heureux de quitter cet endroit qui attriste, pour en aller voir un autre qui amuse. Le théâtre annamite m'a rendu un peu de gaité. Les costumes sont splendides, tout comme chez nous, mais quelques acteurs ont les pieds nus; cela ne va guère avec les robes brodées. Puis, le ténor n'avait pas de voix et criait comme un fou. On m'a raconté qu'il avait perdu la voix dans un naufrage : c'est bien possible. Mais, dans ce cas-là, il fallait avoir quelqu'un pour le doubler et montrer aux étrangers d'occident un meilleur échantillon de notre art dramatique.

Je suis retourné au Champ-de-Mars, et j'ai été voir la danse du ventre, dont on m'avait parlé en Égypte, où je n'ai pu m'arrêter. Ça se passe dans une petite salle. Pendant que les spectateurs boivent du café plein de marc, pareil à du sable délayé, une femme, sur une estrade, s'avance à petits pas, avec de brusques mouvements de hanches, qui font saillir son ventre. J'ai trouvé ça laid et peu intéressant. Un vieux monsieur, à cheveux blancs, assis à côté de moi, disait à une jeune fille blonde que cela manquait d'esthétique. Je n'ai pas très bien saisi, mais je pense qu'il devait avoir raison, d'autant plus que la jeune fille blonde rougit et ne répondit rien.

J'eus bientôt assez de ce remue-ménage. Je quittai la place et me mis en quête d'un restaurant. J'arrivai de bonne heure, me trouvai à peu près seul et me mis à manger tranquillement.

Cependant il faisait sombre, et les lampes électriques s'allumèrent. Ce sont deux morceaux de charbon, auxquels aboutissent deux fils de cuivre : on presse un petit ressort et il jaillit, entre les charbons, une lumière éclatante comme celle du soleil. C'est beau !

Tout à coup, le public commença à affluer dans le restaurant. Ce fut comme un fleuve humain, s'engouffrant dans la salle et prenant les tables d'assaut. Je demandai au garçon pourquoi tout ce monde dinait à l'Exposition. Il me répondit que ces braves gens ne voulaient pas aller manger dehors, pour éviter de payer deux tickets, le soir, en revenant voir les fontaines lumineuses. L'addition, que le même garçon me présenta bientôt, m'empêcha d'apprécier ce raisonnement. Je vis, en effet, qu'on payait le même repas trois fois plus cher, à l'Exposition qu'en ville : Je me demandai comment tant de gens se résignaient à payer dix francs de plus leur diner, à seule fin d'économiser deux tickets, à 30 centimes pièce. Évidemment, ce n'étaient pas des Parisiens. On doit calculer mieux que ça, dans une si grande ville.

Je remarquai aussi, que dans tous les endroits où il fallait payer une entrée spéciale, la foule se pressait plus qu'ailleurs. On dirait l'attrait du fruit défendu. Les Anglais disent que le temps, c'est de l'argent. Si l'on pouvait évaluer en numéraire tout le temps passé par les gens à attendre, cela ferait une jolie somme. Du reste, il paraît que cette -attente, détestée du public, est aimée des entrepreneurs. La queue des visiteurs leur sert de baromètre : plus il est allongé, plus la journée est bonne.

Cependant, la nuit était venue depuis longtemps. Peu à peu, les tables se vidaient. Je suivis la foule, du côté du Champ-de-Mars où, derrière la tour Eiffel, on voit les fontaines lumineuses.

J'attendis longtemps, assis sur ma chaise. Le froid commençait à me gagner et je me levais pour partir, lorsqu'un : Ah! poussé par la foule, me fit retourner la tête.

Devant moi, jaillissait d'un bassin rempli d'eau, une haute gerbe d'argent liquide, entouré de jets de topaze, qui s'inclinaient, pour s'éparpiller en milliers de gouttelettes resplendissantes. Je me rassis et bientôt je m'absorbai tout entier dans le spectacle qui s'offrait à mes regards.

Tout à coup, brusquement, sans intervalle, l'argent fondu est remplacé par une colonne d'opale, qui monte, s'amincit, retombe sur des arceaux d'or. Puis, voici un torrent d'améthyste, bombardé par des flots de rubis. Toutes les couleurs imaginables des métaux les plus brillants et des gemmes les plus radieuses se mêlent tout à tour, s'enlacent, se fondent, vont, reviennent, s'élèvent en rayons de feu, retombent en pluies de pierres précieuses. Doucement bercé par ces variations exquises des teintes, je ne pense plus à la fraîcheur du soir et je reste là, perdu dans une admiration sans fin.

Quelques jours auparavant, j'avais été voir un magicien, appelé Robert-Houdin, qui change, à volonté, l'eau en vin et le vin en eau. Je pensai d'abord que c'était par un artifice de même nature que je voyais couler ces fleuves, si richement nuancés. Mais un de mes voisins me dit d'un air bienveillant, que tout cela n'était que la réclame d'une grande maison de pharmacie, qui déversait devant nous ses bocaux de verre pleins d'eau diversement colorée. Un autre, bientôt, prétend que c'est une manufacture de produits chimiques, qui veut faire admirer l'éclat des sels qu'elle prépare. Je m'aperçois qu'on se moque de moi et je cesse d'interroger. Un camelot complaisant me vend, pour 50 centimes, une petite brochure, qui me débarrasse de mes perplexités. J'y vois que l'eau n'est pas colorée du tout et qu'il suffit de l'éclairer à travers des verres de couleur, pour obtenir à volonté, diamants, argent fondu, topazes, rubis, tout ce qu'on veut. Le plaisir que j'éprouvais n'est pas diminué par cette révélation et je reste là, jusqu'à ce que la fontaine éteigne sa cascade éblouissante et que tout retombe dans l'obscurité.

Je rentrai chez moi, pénétré d'étonnement et d'admiration.

Le lendemain, on me dit que tout était fini et qu'il n'y avait plus d'Exposition. Je voulus, du moins, revoir l'emplacement qui m'avait montré tant de merveilles. Quel changement !

En pénétrant dans l'enceinte du Champ-de-Mars, je faillis être écrasé par un énorme camion, sur lequel s'en allait une immense femme en marbre blanc. Je n'ai que le temps de me garer en sautant dans une plate-bande, où les arbres, si beaux la veille, n'étaient plus représentés que par des trous béants. Au Palais des Beaux-Arts, une scène de la vie champêtre, que j'avais longuement contemplée la veille, descendait, soutenue par une corde et faillit me crever un œil, du coin de son cadre. Le papier avait cessé de s'enrouler à la galerie des machines. Les fontaines lumineuses semblaient endormies pour toujours. Dans le palais central, on ne voyait plus que des étagères vides. Au ministère de la guerre, un énorme canon se balançait en l'air, enlevé du sol par une grue mécanique. Le théâtre annamite se taisait, solitaire et nu, et des éclats de bambou marquaient la place où campaient les tribus sauvages de toutes les parties de la terre.

Je quittai cette scène de désolation et m'enfuis. Il me semblait qu'on venait de m'arracher quelque chose et que la dispersion de tous ces chefs-d'œuvre m'enlevait des morceaux de mon cœur. Je retournai à mon hôtel et pris le rapide pour Marseille. Là, je m'embarquai sur le premier navire en partance pour Suez.

Très agité, j'avais passé une mauvaise nuit en chemin de fer. Sur le bateau, je pus dormir enfin. Mais le sommeil lui-même ne me consola pas d'avoir vu détruire une œuvre si incomparable. Toute la nuit, je fus secoué par des songes fantastiques ; et, comme la brise avait un peu fraîchi vers le matin, je m'éveillai, au moment où je rêvais que le vent criait comme un acteur annamite, et que notre paquebot dansait la danse du ventre.

Le 8ᵉ jour de la 10ᵉ lune.

LE TOUR DU MONDE EN 72 JOURS

LE TOUR DU MONDE

EN SOIXANTE-DOUZE JOURS

——

Lorsque je lus, il y a quelques années, le fameux roman scientifique de Jules Verne, je me demandai si ce voyage autour du monde en quatre-vingts jours était possible, ou si la seule imagination de l'auteur avait combiné une série de conditions irréalisables.

Les représentations du drame données à la Gaité d'abord, puis au Châtelet, me convainquirent presque. On y voyait, en effet, les voyageurs, au lieu de courir au pas gymnastique, comme dans d'autres féeries, prendre encore le temps de s'occuper des affaires d'autrui et de sauver, à leur grand plaisir et profit, de charmantes veuves, condamnées à être brûlées vives, par de cruels et ridicules rajahs.

Le voyage fantastique de l'auteur est aujourd'hui réalisé, et la réalité, ici, comme souvent ailleurs, se montre supérieure à la fiction. Les quatre-vingts jours, d'après les dernières nouvelles, vont être réduits à soixante-douze ; c'est, du moins, ce que disent, en de pompeuses annonces, les gazettes américaines. Déjà un certain nombre de voyageurs et de voyageuses, portant chacun les couleurs d'un grand et riche journal, sont engagés à fond de train dans une grande course autour du monde. Les uns galopent vers l'est, les autres suivent, dans sa marche, le mouvement apparent du soleil. Bientôt, les uns et les autres rentreront aux États-Unis, avec un bagage de notes forcément nul, et une fatigue nécessairement considérable. Une récompense honnête attend le vainqueur de ce nouveau Grand-Prix. Les paris, aussi, sont engagés, bien entendu. Le premier courrier de New-York nous apportera la cote de ces steeple-chases inouïs. Quelle attraction pour le public des sportsmen !

Xerxès, las de toutes les joies que lui procurait la toute-puissance, demandait en vain qu'on lui inventât un nouveau plaisir. Le pauvre roi des rois n'a pas vécu assez longtemps pour savourer les impressions charmantes d'un tour de piste de 40,000 kilomètres.

Mais, si le public des curieux se promet toutes sortes d'attentes fiévreuses, toutes les émotions satisfaites ou déçues du joueur passionné, je ne vois pas ce qui pourra intéresser — moralement — les infortunés jockeys au long cours, qui cherchent à se devancer sur la ceinture du globe terrestre. La victoire même ne fournira à leur amour-propre qu'une bien maigre satisfaction. Car, actuellement, une carte postale fait son tour du monde en soixante-douze jours environ. Il suffit, qu'on l'enlève d'une boîte, pour la remettre aussitôt dans une autre, entre deux trains ou dans l'intervalle de l'arrivée et du départ de deux paquebots.

Belle ambition, que celle qui se propose de rivaliser avec une carte postale, de se faire sortir d'une cabine et jeter dans un wagon, ou réciproquement; de se voir ballotté d'un moyen de locomotion à un autre, sans arrêt d'un instant, sans perte d'une minute. De tomber, en un mot, plus bas qu'une simple malle expédiée en grande vitesse.

Car enfin, quelle différence pourrez-vous faire, désormais, entre les voyageurs de cette sorte et leurs bagages? Je n'en vois pas. Les uns et les autres voyagent pour voyager; sans autre but que celui d'arriver au plus vite. Ils sont pesés et enregistrés de New-York à New-York, par la voie la plus rapide.

Pendant que de ces navigateurs si pressés le paquebot fend les vagues, où est leur pensée? où va leur regard, qui fouille l'horizon? Ils n'admirent ni les lueurs roses de l'aurore ni le flamboiement du soleil à son déclin. La mer, toujours changeante et toujours la même, ne leur offre pas d'attraits. C'est en vain qu'ici, les bandes de marsouins accompagnent de leurs bonds joyeux la course du navire; que, plus loin, les poissons volants tracent en l'air leur courbe d'un instant;

que, là-bas les albatros énormes glissent dans l'atmosphère, comme une barque aux voiles blanches. Est-ce qu'ils ont le temps de voir, de regarder, de se passionner pour la teinte fauve des flots, pour les échancrures bizarres des côtes, rongées par l'Océan !

Leur idée invariable est fixée sur ce seul point : « Arriverai-je avant tel ou telle ? » Et pendant toute la traversée, de compter les tours de l'hélice, de se demander si l'on file assez de nœuds pour distancer tout concurrent.

Les voici en chemin de fer. La malle des Indes leur montre inutilement tous les pays de l'Europe, avec leurs peuples industrieux, aux civilisations diverses. Il ne les honorent pas d'un regard. En avant ! en avant !

L'Asie ne les étreindra pas davantage. Ils côtoient, indifférents, la Turquie immobile ; l'Egypte et ses merveilles cent fois séculaires ; l'Arabie, au centre encore mystérieux, avec ses villes sacrées, visitées par des millions de fanatiques pèlerins.

L'Inde apparaît à son tour, l'Inde poétique où Rama lutta pour la belle Sita, où la trinité brahmanique vainquit Bouddha, pour s'amoindrir, elle aussi, devant le Coran de Mahomet. Qu'elle disparaisse au plus tôt ! S'il y a quelque part une veuve sur le point d'être brûlée, tant pis pour elle ! Si jeune et si touchante qu'elle soit, nous n'aurons pas le loisir de nous arrêter.

Déjà les puissantes machines, qui dévorent la terre et l'Océan, ont porté nos affamés de vitesse jusqu'en Chine. Il faut débarquer, changer de bateau

Ils auront tout juste le temps de voir trois matelots indigènes, une embarcation et quelques facteurs de bagages. En paquebot, de nouveau; et, en avant! Qu'importent les nations et les mœurs; qu'importent les hommes qui vivent là par centaines de millions, sur des fleuves immenses, au pied des montagnes les plus hautes du globe, dans des villes d'une architecture si originale, entre la pagode élevée, la stoupa étincelante de Çakya-Mouni et le Temple sévère de Confucius! En avant, toujours.

Le Japon se montre et s'efface bientôt, groupe d'îles dont Pierre Loti a raconté le charme étrange. Ils ne le verront pas. Ils n'ont pas le temps. Ils s'enfoncent dans le grand désert du Pacifique. Le navire qui souffle et gémit, emporte vers le port des États-Unis ces voyageurs à outrance, qui ne demandent qu'une chose : aller vite, plus vite, plus vite encore. Plus vite que les morts de la lugubre ballade allemande!

Les prairies où l'Indien ne chasse plus, où le dernier bison se meurt, sont franchies en quelques jours. Et les voilà de retour à New-York, après avoir réalisé leur chef-d'œuvre, le tour du monde en soixante-douze jours, et parcouru le grand livre de l'humanité... sans l'avoir lu.

Et après? Le vainqueur, qui a peut-être dépassé ses concurrents de deux heures ou de deux secondes, d'une longueur de bateau ou d'une tête de train, emporte le prix. Ce sera peut-être cette jeune femme, qui a pu se trouver prête à partir, en quinze minutes.

Quinze minutes! Il est vrai qu'elle n'a pas eu à s'occuper de toilette. A quoi bon! Elle n'aura guère le temps ni l'intention d'en changer, dans ce voyage à toute vapeur. Et si, après tant de peines et d'ennuis, elle arrive première, quelle gloire donc, ressortira de ce triomphe, aussi vain, aussi futile que le gain à un jeu de hasard quelconque!

N'est-ce pas, en effet, que le hasard est un facteur prépondérant dans cette course folle? Une tempête, un brouillard, une collision de navires, un déraillement de train, un accident quelconque suffit, pour que la victoire soit changée en irréparable défaite. En quoi aurons-nous le droit d'être fiers de ce que notre bateau aura évité le cyclone ou se trouvera favorisé par un ouragan? Et même, enfin, c'est le bateau et le train qui seront les grands héros de l'affaire, après tout.

Je sais bien qu'on va me parler des dangers du voyage, des fatigues extraordinaires, du courage et de l'énergie dont devra faire preuve le voyageur et, encore plus, la voyageuse.

Je suis un peu sceptique à l'égard de ce grand déploiement d'héroïsme et d'efforts : tout cela peut être vrai dans le roman captivant de Jules Verne. Mais, dans la réalité, combien il vous faut retrancher de tout ce romanesque! Allez bien au fond des choses : regardez ces paquebots munis d'une installation luxueuse; visitez ces wagons si parfaitement accommodés à toutes les exigences du voyageur!

La poésie n'y apparait nulle part, mais le confortable partout, et, en définitive, vous verrez que ce grand tour du monde n'est ni plus dangereux ni même plus difficile qu'un simple saut de Paris à Saint-Germain.

J'ai connu jadis, à bord d'un bateau, un bon et gros garçon dont la santé inquiétait quelque peu sa mère, jeune, très jeune veuve. On assembla les docteurs et la Faculté décida que l'intéressant malade avait besoin de faire un tour au Japon. Aussitôt fait que dit. On emballe le jeune homme pour le Japon. Il passe huit jours à Yokohama, reprend le paquebot et rentre aussi malade, ou plutôt aussi bien portant qu'auparavant, dans sa bonne ville natale d'Europe, où sa mère le reçut à bras ouverts.

On comprend cela, à la rigueur.

Mais voyager, pour voyager! Aller vite, pour aller vite, sans idée, sans but! Lorsque Robinson Crusoé courait comme un fou autour de son île et finissait par se retrouver au point de départ, il avait un motif, du moins. Quel motif ont donc ces gens si terriblement affairés, pour tourner ainsi et faire un grand rond autour de la terre? Aucun, si ce n'est qu'ils partent en toute hâte, pour revenir aussi vite à l'endroit qu'ils ont quitté. Singulier amusement. Je le demande à tous les voyageurs: le jeu des petits chevaux est-il moins intelligent?

Il me semble les voir, ces enfiévrés, rasant la terre et l'onde, sourds aux grandes voix de la nature, aveugles pour tous les chefs-d'œuvres de l'humanité. *To be or not to be*: être ou ne pas être le premier, est leur mot d'ordre. Jamais il ne se diront: *To see or not to see*, fût-ce même sous la formule la plus connue: « voir Naples et mourir! » Indifférents à tout, sauf à la vitesse, sur le globe « comme un orage ils passent, » pour se retrouver au logis, pas plus instruits qu'auparavant, après un travail de cheval de manège de soixante-douze jours pleins.

Confucius a dit que chacun doit, en entrant dans une ville, s'informer de ses us et coutumes; de ce qu'elle admet et de ce qu'elle interdit. Peine inutile désormais pour ceux qui ne s'arrêtent nulle part, n'ont de coup d'œil attentif pour rien! Savez-vous ce que sera leur voyage autour du monde? Figurez-vous un Chinois désireux de voir Paris, arrivant à la gare du Nord, prenant là un fiacre fermé et se faisant conduire au galop à la gare de Lyon. Je vous demande ce qu'il connaîtra de la grande capitale!

Et dire que je m'étonnais de voir que tant de voyageurs, au lieu de pénétrer dans l'intérieur de la Chine, ne connaissaient mon pays que par ce que nous avons de moins chinois, par nos ports, cosmopolites comme tous les ports; par Hong-Kong et Shang-Haï!

Ce sera bien autre chose si, par malheur, la nouvelle manière d'excursionner devient à la mode. Adieu les voyages pittoresques de Cook et de Lapeyrouse, de Magellan et de Dumont d'Urville! Adieu la longue contemplation des beautés de nature, l'étude patiente des bizarreries de l'homme! Le genre humain, transformé en accessoire de machines à vapeur à haute pression, tournerait follement autour de la sphère stupéfaite; et le mot de la fin appartiendrait à la malheureuse moitié du savant Suédois, dans le *Prince Soleil*, qui s'écrie, justement indignée : « Je ne suis plus une femme, je suis un colis ! »

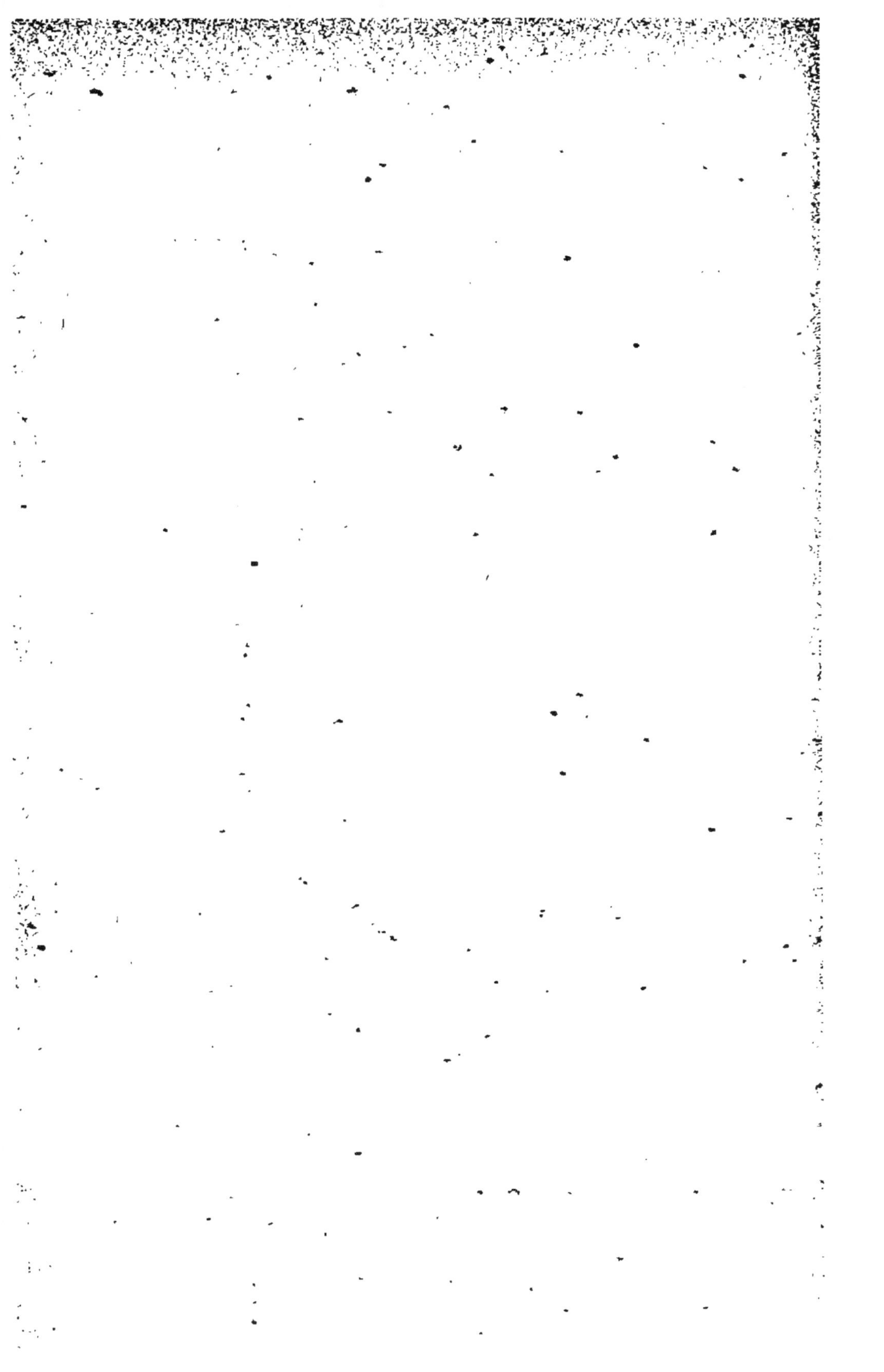

UNE PREMIERE

UNE PREMIÈRE

Au plus profond de mon sommeil, je fus réveillé en sursaut par deux formidables coups de sonnette. J'allume ma bougie, je regarde ma montre : il était sept heures du matin et l'on ne voyait pas clair encore, par ce temps de brouillard et de neige.

Qu'est-ce que cela peut être? Qui donc vient m'arracher au repos? Je n'avais pas encore bien cherché à élucider cette question, lorsque mon domestique frappa, en disant que c'était un télégramme.

— Un télégramme! Une affaire d'Etat, alors, un chiffre diplomatique, pour m'arriver à pareille heure!

C'était tout simplement un *bleu*. Je l'ouvris, en

déchirant le pointillé : et j'y trouvai ces quelques mots :

Mon cher ami,

« Impossible de dîner demain soir chez vous. Il y a une *première* au théâtre X... Vous comprenez que je ne puis y manquer; si votre soirée est libre, venez me trouver, avant-scène n° ... Je vous ferai voir, non seulement une pièce inédite, mais encore le dessus du panier du *Tout-Paris*. »

« Cordialement à vous   N... ».

L'invitation était vraiment alléchante, pour un tout nouveau venu dans la capitale du monde civilisé. Je n'étais pas encore allé au théâtre à Paris. Avec quelle joie je me préparai à assister à une de ces représentations où je me promettais de goûter un plaisir si délicat ! Pour ne rater ni la première, ni Tout-Paris, me voilà à télégraphier et téléphoner de tous côtés, afin de prier les amis qui devaient prendre part au dîner du jour, de rester chez eux, pour cette fois.

Quelques-uns, que je rencontrai dans la journée, de me féliciter chaleureusement : « Ah ! que vous avez de la chance. Une première ! Quand on pense que tout Paris sera là. Mais comprenez-vous bien votre bonheur ? »

Je le comprenais d'autant mieux, que je n'avais jamais goûté de ce fruit rare.

Apprendre à connaître le théâtre par une de ces primeurs intellectuelles savourées uniquement par quelques privilégiés, c'était un avantage dont je ne me dissimulais pas le prix.

— Mais, repris-je, vous irez aussi, car je suppose bien que vous faites partie de Tout-Paris.

— Hélas! non! Quoique Parisien-né, je ne compte pas parmi les membres de ce monde choisi, qui se recrute d'une façon tout à fait spéciale et doit son nom très vaste au petit nombre de gens qui en font partie : célébrités des lettres et des arts, millionnaires et diplomates, princes et journalistes ; puis, quelques simples pékins — je ne parle pas de vous — parmi lesquels je ne suis, malheureusement, point admis à figurer.

Et mon interlocuteur me quitta, désolé de ne pas pouvoir prendre part à la grande solennité.

Toute la journée, je fus préoccupé de la magnificence attendue dont j'espérais tant de merveilles.

Les heures s'enfuyaient trop lentement à mon gré. Enfin, voici le soir. Je dînai à la hâte, pour être prêt à l'heure exacte, arriver à temps, ne pas perdre une scène, une phrase, un mot, un geste, de cette représentation, qui devait être exceptionnellement parfaite, puisqu'elle n'aurait pour spectateurs qu'un public difficile à force d'avoir été gâté, soigneusement trié parmi les plus raffinés.

Sept heures et quart! Déjà! Je hèle un fiacre :

— « Cocher, au théâtre X.... Un bon pourboire! Mais au galop! »

Et de pester, parce que le cheval n'allait pas assez vite. Je voyais déjà ma première, ma chère première, manquée, mutilée, évanouie.

Enfin, nous arrivons. Pas une voiture aux abords.

Sûrement me voilà en retard. Il n'y a que moi, pour ces coups-là! Que va dire mon ami en me voyant arriver, là, tout à mon aise, tranquillement, alors que tout le monde est déjà entré sans doute, que chacun écoute religieusement.

Je me précipite au contrôle, pour demander la loge d'avant-scène.

On me regarde avec surprise. Je rougis de mon arrivée tardive. Une ouvreuse complaisante m'indique la loge que je trouve enfin... vide comme tout le reste du théâtre.

Seul dans la salle! J'étais arrivé bon premier et pouvais me livrer à la contemplation philosophique des banquettes au velours rouge. J'étais stupéfait.

On finissait d'allumer le gaz, dont les becs innombrables, encore baissés, n'éclairaient que d'un demi-jour terne la salle déserte. La lumière atténuée, l'absence de spectateurs donnaient à l'ensemble une tonalité uniformément grisâtre et, par opposition avec le brillant spectacle dont j'avais escompté l'éclat, m'accablaient d'une impression mortellement triste.

Je me décide à me renseigner auprès de l'ouvreuse. Elle m'apprend, à ma très grande surprise, que, bien qu'annoncée pour huit heures et demie, la pièce ne commencerait qu'une heure plus tard : que c'était là une habitude des premières. Habitude bien désagréable, me dis-je, pour les non initiés. Mais tant pis! J'y suis, j'y reste !

J'employai mon temps d'abord à étudier jusqu'aux moindres détails d'architecture, ensuite à voir défiler les gens, qui entraient peu à peu : très rares, dans la première demi-heure, plus nombreux, dans la seconde ; en foule pressée à la dernière minute.

La salle, vivement éclairée tout à coup, était alors absolument bondée. Mon ami, qui m'avait rejoint enfin, me désigna les personnages qu'il reconnaissait presque tous et m'eut bientôt fourni un catalogue raisonné et détaillé de Tout-Paris, de ses grands noms les moins connus et de ses pseudonymes les plus célèbres.

L'aspect du théâtre, maintenant, était tout à fait curieux et m'offrait un ensemble qui, par sa splendeur son étrangeté, différait totalement de tout ce que j'avais vu en Chine. Je fus frappé d'abord par ce fait vraiment remarquable : c'est que, ce qu'on appelle *habillé*, en Europe, serait plus justement qualifié de *déshabillé*, dans mon pays.

Les hommes, en effet, portaient uniformément un vêtement noir, décoré du titre spécial d'habit, parce qu'il habille très peu, couvrant à peine le dos et laissant voir de superbes plastrons de chemises, brillamment empesés. Quant aux femmes, c'était bien autre chose. Leur habillé est encore bien plus déshabillé que celui de leurs compagnons du sexe privilégié. Leurs corsages décolletés, sont de simples ceintures un peu hautes et rattachées aux épaules par de minces rubans d'étoffes. La poitrine, le dos, les bras se montrent dans toute leur grâce naturelle, sauf au cou et au poignet, où la chair rose disparaît presque sous l'or, les diamants et les rubis. Spectacle d'ailleurs, très agréable, pour tous autres que des maris. En Chine ce serait impossible. Ici, ça semble tout naturel : c'est l'usage. Or, il faut toujours et partout, s'incliner devant les usages locaux : je me sentais d'autant moins disposé à protester cette fois, que cette coutume particulière n'est pas sans attraits pour le public.

Mon ami me passe sa lorgnette et je me mets, comme tout le monde, à regarder les spectateurs et aussi les spectatrices.

Au bas du théâtre, devant les rangées de chaises qu'on appelle les fauteuils d'orchestre, les messieurs, debout, lorgnent les belles dames des galeries et des loges. Ajoutez à cela un éclairage aussi brillant que celui du jour et vous aurez une idée de ce que c'est qu'un théâtre, en Europe.

Cependant, derrière le rideau où l'on peut lire en grosses lettres les annonces des journaux, des tailleurs, des fabricants de chocolat, de toutes les industries possibles, retentissent trois coups sourds.

Recueillement général : le spectacle va commencer.

Tout le monde s'assied ; les lorgnons des fauteuils se retournent vers la scène, les messieurs commencent à ôter leurs chapeaux ; quelques-uns profitent de la circonstance pour s'asseoir sur les couvre-chefs de leurs voisins et se confondre ensuite en excuses.

Le rideau se lève. Aux fauteuils, beaucoup de messieurs très chauves couvrent des deux mains leur tête nue, pour la protéger contre le courant d'air produit par le mouvement de la toile

Dans un salon ravissant, une actrice paraît, entrant par la porte du fond, ouverte à deux battants : elle n'a pas encore dit un mot, que deux rangées de messieurs, placés derrière les fauteuils d'orchestre dont je vous ai parlé, tout au fond, sous les loges de la première galerie, se mettent à applaudir à s'en rompre les mains. Je regarde, tout intrigué, ces membres enthousiastes du Tout-Paris, très habillés, eux, de vêtements de toutes couleurs : mon ami m'explique que ce sont là des *Romains*. Je demeure plus étonné encore : j'apprends enfin qu'on donne ce nom historique, ou celui plus commun de claqueurs, à de braves gens, loués à tant par soirée, pour applaudir. Je ne comprends pas, d'abord ; mais mon voisin m'affirme que, sans eux, il n'est pas de représentation possible. Je ne saisis pas davantage, mais je me résigne à accepter ce fait inexplicable.

L'actrice peut parler enfin et nous raconter tous ses ennuis de ménage, choses qu'on n'aimerait guère à entendre ailleurs, mais qu'on écoute ici avec une foi religieuse. On observe avec un soin extrême ses actions, ses mouvements, ses accents, ses intonations, jusqu'aux plus petits détails de sa toilette. Enfin, tout le monde a l'air de ne s'intéresser qu'à elle.

Arrive tristement le mari, toujours faible, bien qu'il appartienne au sexe fort. Entre les deux époux s'engage une petite conversation très désagréable qui dégénère rapidement en dispute : la cause de tout ce bruit, c'est la belle-mère : — Un ange ! dit la femme. — Un monstre ! riposte le mari. — Et de continuer à se jeter à la figure un tas d'horreurs conjugales, sans que personne dans la salle ait le courage de leur crier : « Allez donc laver votre linge en famille ! » J'étais indigné ! Mais les Romains redoublent d'enthousiasme, eux qui, dehors, eussent certainement fait un mauvais parti au mari, ou à la femme, et peut-être à tous deux.

Les scènes se suivent et ne se ressemblent pas. La belle-mère manque son entrée ; le beau-père arrive trop tôt ; la soubrette rit et se moque, dans un coin, des fautes de sa maîtresse. Puis la conversation languit, l'action traîne, et la toile baissée nous avertit que le premier acte est terminé. Le public se lève : les uns s'empressent d'aller au foyer communiquer leurs impressions à leurs amis ; d'autres restent là et lorgnent dans les plus obscures des baignoires, pour dénicher quelqu'un et surtout quelqu'une de leurs connaissances.

Avant la chute du rideau, on avait applaudi beaucoup la femme, si méchante sur la scène ; on la rappela même, et finalement deux ouvreuses lui apportèrent d'immenses bouquets. Quant au mari, il obtint aussi quelque succès, mais beaucoup moins.

— Il a un rôle trop honnête, fit mon ami.

Cela me rappelle qu'un jour, en Chine, un mandarin appela l'acteur qui venait de jouer à la perfection un rôle de scélérat et le fit bâtonner, d'abord, pour avoir donné un spectacle aussi monstrueux au public ; puis, lui compta une forte somme pour le récompenser d'avoir joué avec un art aussi parfait.

J'ai toujours pensé qu'il y avait beaucoup de logique et de bon sens dans cette manière d'agir du mandarin.

L'entr'acte fut long. Mon ami me dit que les acteurs, jouant pour la première fois cette pièce, avaient besoin de repasser leur rôle au dernier moment.

— Puisqu'il en est ainsi, allons aussi faire un tour foyer.

Sur mon passage, j'entends des conversations très animées.

— Qu'en dis-tu ?

— Je ne puis encore rien dire, il faut voir la fin.

— Moi, je croyais que l'auteur avait plus d'esprit.

— Mais, mon cher, attends donc. Le premier acte n'est qu'un prologue.

— Avoue que la petite Trois-Étoiles a été prodigieuse.

— Tu trouves ?

— Le mari joue très bien son rôle de bourru.

— Oh ! par habitude !

Le reste se perdit dans le bruit de la foule.

On sonne. Le deuxième acte nous montre un joli petit intrigant appartenant à l'espèce qu'on nomme ici petits-crevés et membre de l'*Epatant*, un cercle très distingué. Le bon jeune homme cherche à faufiler dans le ménage troublé une petite amourette, qui arrive presque à réussir. Tout est brouillé et embrouillé. L'amoureux ne sait pas très bien son rôle. La femme lui répond tout de travers. C'est, pendant quelques moments, un coq-à-l'âne admirablement réussi.

Alors intervient un personnage, placé dans une boîte qui le dissimule aux yeux des spectateurs : c'est le souffleur, — ainsi nommé parce qu'il ne doit pas crier, mais envoyer les mots, comme d'un souffle, aux acteurs qui manquent de mémoire. Nous n'avons jamais rien eu de pareil en Chine. Le malheureux s'évertue en vain, et il souffle si fort que chacun l'entend, excepté les artistes, qui ont perdu le fil. On commence à rire un peu partout. Heureusement, les Romains, voyant que ça tourne mal, font une diversion intelligente : à l'exemple d'un nommé Décius, — un vrai Romain d'autrefois, celui-là ! — ils se jettent dans le gouffre. Leurs applaudissements frénétiques éclatent au plus mauvais moment et sauvent la situation compromise, en donnant aux acteurs le temps de se reprendre. Enfin, le deuxième acte, un peu long, peut s'achever sans encombre.

Dans la loge, à côté de moi, une jeune femme, charmante de figure et très richement mise, dit à son compagnon en habit noir, camélia à la boutonnière et monocle à l'œil :

— N'est-ce pas que cette X... est une créature exquise ?

— Oh ! oui ! répond le jeune homme en extase. On dirait du veau !

Quelle comparaison originale ! Jamais l'académie des Han-Lin n'aurait trouvé ça. Ce jeune homme devait être quelque lettré très distingué, mais peut-être un peu gourmand.

Au troisième acte, tout se complique de plus en

plus. Le mari jaloux et furieux ; la femme furieuse et coquette ; le petit crevé furieux et insolent. Tout à coup, quelque chose d'aigu retentit dans la salle ; c'est un gros monsieur qui, debout aux fauteuils, siffle dans une grosse clef. On crie : « A la porte ! A la porte ! » Le gros monsieur cesse de siffler et s'assied. Le mari recommence à être jaloux ; la femme coquette ; le petit jeune homme, insolent. Le beau-père est désespéré ; la belle-mère termine la dernière scène par un ouragan de colère, accompagné d'une trombe d'injures. Et le rideau tomba définitivement sur une demande en divorce, au milieu des bravos exagérés des Romains et des applaudissements discrètement réservés de Tout-Paris.

Il parait qu'autrefois, toutes les pièces se terminaient par des mariages. On a changé tout ça : Aujourd'hui, sans un petit divorce final, plus de succès. C'est attristant.

A la sortie, je ne trouvai pas de voiture. Nous allâmes, avec mon ami, souper au Café de la Paix. A côté de nous, une évaporée de haute marque, qui avait assisté à la représentation, disait à son petit gommeux (*gommeux* est un nouveau mot pour dire *petit-crevé* ; c'est bien plus distingué) :

—« Dis donc, j'espère que tu me traiteras mieux que ça, dans notre ménage ?

—Oui, fut la réponse ; d'autant mieux que nous ne sommes pas mariés.

—Alors, encore une huître. »

Le jeune homme appela aussitôt le garçon et com-

manda les huîtres demandées. Ça me fit plaisir ; je me
dis que l'accord, du moins, à défaut d'accordailles,
gouvernait ce jeune et intéressant ménage. Et je me
sentis un peu consolé de ce que j'avais vu au théâtre.

En somme, j'avais éprouvé une grande déception.
Dans ma pauvre tête de Chinois chinoisant, je m'é-
tais peint sous de magnifiques couleurs, la première
contemplée par tout Paris ! Quelle désillusion !

Le spectacle avait été assez ennuyeux. La pièce était
décousue ; les acteurs ne savaient pas leurs rôles et
les jouaient mal.

« Bah ! fit mon ami. Nous reverrons ça dans quelques jours et vous serez content. »

En effet, une quinzaine plus tard, je retournai au
théâtre. Ce n'était pas une première et Tout-Paris n'é-
tait pas là. La salle, cependant était pleine de gens,
un peu moins déshabillés — pardon ! moins habillés
— qui ne se regardaient guère entre eux et parais-
saient très attentifs. La pièce était toute changée : on
avait coupé, rogné, ajouté. Les acteurs jouaient à ravir, sans souffleur soufflant ; et le public criait bravo
tout seul, se passant des Romains. Au dénouement, réconciliation générale et applaudissements unanimes.

Je m'en allai, enchanté de ma soirée, mais profondément troublé.

Comment se fait-il, me disais-je, que tant de gens,
si riches et si haut placés, tiennent absolument à voir
une pièce imparfaite et imparfaitement jouée, alors
qu'il suffit d'attendre quinze jours pour la voir parfaite et goûter un plaisir fin et délicat ?

Mon ami, aux lumières duquel je fus obligé de recourir, m'expliqua toute l'affaire.

— Sauf les journalistes et les auteurs, me dit-il, qui vont là pour le métier, et les amoureux des lettres impatients de connaître toute nouveauté, qui s'y rendent par plaisir ; sauf cette élite, beaucoup de spectateurs veulent simplement voir les autres, se faire voir eux-mêmes et, surtout, faire savoir à tous qu'ils étaient là, à la première. Cette petite vanité, bien innocente, fait passer sur ce qu'il y a de fâcheux à contempler une ébauche. Et comme la vanité est un des plus grands gouvernants de ce monde, chacun veut être de ce public de choix, recueillir une petite part de ce qui revient de gloire légitime et d'estime méritée aux écrivains, aux artistes et aux véritables amateurs.

C'est, en somme, pour les mondains purs, une occupation assez ennuyeuse et très vide ; mais, il faut en passer par là. D'ailleurs, les gens mêmes qui commencent à ne courir les premières que par vanité, finissent par former leur goût dans ce milieu supérieur.

Le plaisir de voir triomphe, chez eux, du désir de paraître. Et ils comptent alors, à juste titre, parmi les membres de ce Tout-Paris, qui à côté de quelques défauts, présente tant de brillantes et d'aimables qualités.

Je compris que mon interlocuteur avait raison. Mais, dois-je l'avouer ? J'ai gardé une petite rancune orientale aux premières, aux Romains et aux souffleurs.

LES MORTS

LES MORTS

Après le beau temps, la pluie ! Pendant cette saison où le froid commence à se faire sentir, les feuilles jaunies tombent mélancoliquement ; les derniers coups de vent balayent ce qui reste de verdure, la nature agonisante va mourir bientôt, et n'attend plus, pour s'endormir, que son blanc linceul de neige.

C'est l'époque où le voyageur chinois éprouve le plus souvent le mal du pays ! Ceux qui ont les moyens de rentrer, sont déjà de retour au foyer, bien avant la fête de la Lune, qui tombe à la mi-septembre, environ. Une antique légende dit que la lune est, à cette époque, plus ronde et plus pleine qu'à aucun autre moment de l'année ; la société doit s'efforcer de lui ressembler : être pleine et complète, comme l'astre si respecté et si resplendissant.

Malgré les longues années d'absence, l'attachement au sol et les sentiments inspirés dès l'enfance, ne peuvent s'effacer entièrement. Je subis donc, moi aussi, l'influence légendaire, en me laissant abattre quelquefois par les idées sombres que ce temps gris et triste ne manque pas de faire naître dans notre esprit.

Enfermé dans l'espace étroit d'une chambre, au plafond écrasant, mon imagination voyage ; et la pensée qui me revient à chaque instant, toujours la même, se porte au loin, sur les absents et, avant tout, sur les morts.

Car, à cette période de l'année, se célèbre en Chine, la fête des Trépassés : les tombes reçoivent la visite de ceux qui viennent honorer leurs aïeux, leurs parents prédécédés et rendre hommage au séjour qui les appellera bientôt, eux aussi, à l'éternel repos.

On sait que le culte des ancêtres est l'institution fondamentale de la Chine ; on ignore sans doute que ce culte ne consiste pas seulement à vénérer les tablettes mortuaires dans la maison ; mais encore, à entretenir et à vénérer les tombeaux d'une façon toute exceptionnelle.

Arrêtons-nous quelques instants aux particularités de nos rites.

Lorsqu'un membre de la famille est enlevé par la mort, c'est le devoir des survivants d'honorer sa mémoire par une cérémonie aussi pompeuse que possible. Le défunt est habillé d'une quantité de vêtements plus ou moins grande, suivant le rang et la position qu'il occupait. Il arrive parfois qu'un grand fonctionnaire décédé porte jusqu'à trente-trois costumes sous son uniforme.

Le cercueil, généralement en bois précieux, et de dimensions énormes, est revêtu de sept à treize couches de vernis.

On le garde à la maison, au moins sept semaines ; pendant ce temps des cérémonies religieuses et familiales ont lieu journellement.

On s'occupe, en même temps, de chercher un tombeau qui, dans les régions montagneuses de l'Empire du Milieu, se trouve toujours sur le haut d'une colline. On veut le sépulcre vaste, ouvert sur le devant. Quelle que soit la fortune de la famille, le terrain est toujours acheté à perpétuité. Jamais, dans les vastes régions de l'Extrême Orient, il n'exista de catacombes pour recevoir les ossements exhumés.

Sur les tombeaux, on met des ornements, des inscriptions, des statues, suivant le rang hiérarchique de la famille. Il n'est pas rare, au voyageur qui parcourt nos campagnes, de rencontrer des dépôts funéraires offrant l'aspect d'un temple, avec leurs figures de marbre, lions, chevaux, idoles, placés de distance en distance.

— J'ai oublié de dire que nos tombeaux constituent une espèce de grand caveau de famille comme en Europe, mais avec cette différence que les membres reposent les uns à côté des autres, au lieu d'être entassés en hauteur ; les rangs sont occupés suivant la généalogie de la famille, et non d'après la date de l'enterrement ;

les places des plus âgés qui ne sont pas encore morts, étant toujours réservées.

Lorsque l'enterrement doit avoir lieu, on procède la veille à une grande solennité : les parents, amis et connaissances du défunt, se réunissent tous à la maison mortuaire, pour dire adieu à celui qui va rentrer dans le sein de la terre.

Le lendemain, ils reviennent, pour suivre en robes blanches jusqu'à la tombe, le convoi composé d'un cortège plus ou moins riche ; enfin, au retour, on félicite les survivants d'avoir accompli les devoirs filiaux. Cette dernière cérémonie n'offre, à aucun point de vue, la physionomie triste de celles des deux jours précédents ; la musique joue, on dine sinon gaiement, du moins avec sérénité, car la meilleure consolation, en si cruelle circonstance, c'est la philosophie. Confucius a dit : « Quand les parents sont vivants, il faut leur donner tous les soins ; morts, il faut les enterrer convenablement et perpétuer leur culte. »

Par cette petite description du respect que nous avons pour les morts, on concevra aisément l'idée fixe que mes compatriotes, quelle que soit leur position, emportent toujours avec eux : celle de ne vouloir être enterrés que dans le sol natal et à côté des leurs.

Les Chinois tiennent à ce que leurs restes offrent à leurs survivants une dernière consolation : ce désir est fort surtout chez ceux qui, pendant leur vie n'ont pu donner à leurs parents les soins prescrits par le sage.

Aucune loi, d'ailleurs, n'oblige à suivre ces coutumes. C'est le cœur seul qui les a dictées ; et, ce devoir pour n'avoir pas de sanction légale, n'en est pas moins scrupuleusement respecté.

En Occident, où tant de choses diffèrent des usages de mon pays, j'ai constaté avec un réel bonheur que le respect dû aux morts n'a pas été amoindri. On ne dit pas de mal des morts; on les salue, quoi qu'ils aient fait dans leur vie; on les salue surtout, parce qu'ils sont morts; car je doute que tous les passants qui se découvrent aient connu le vivant ou eussent tous voulu le saluer pendant sa vie. En mourant, on devient respectable et respecté.

Mais ce respect, hélas, est restreint à la terre ferme; il n'existe pas sur mer. Combien de fois n'ai-je pas lu le récit des scènes tristement émouvantes qui se passent, lors d'un décès, à bord des navires!

Quel que soit le rang du défunt, quels que soient les services qu'à l'extérieur il ait rendus à sa patrie; s'il a le malheur de mourir en route, on le jettera à l'eau, sans autre considération.

Les mots « A l'eau! » si je ne me trompe, constituent, en général, une grosse insulte : c'est pourtant cette formule expéditive qu'on applique à tant de braves gens, dont la vie méritait une meilleure fin. Une pareille coutume, pratiquée au xixe siècle, est un véritable acte de barbarie; je ne saurais lui appliquer d'autre qualification. Elle pouvait avoir ses raisons d'être, s'imposer comme une nécessité, comme une horreur inévitable, autrefois : à ces époques, déjà lointaines, où l'on voyageait sur de petits voiliers, semblables à des coquilles de noix, qui avaient à peine assez de place pour les vivants, encore moins pour les corps, devenus encombrants ; où les caprices de l'atmosphère pouvaient retarder indéfiniment le bateau, déjà si long à toucher terre. Où d'ailleurs, les précautions à prendre étaient insuffisamment connues, et difficilement applicables, dans un espace restreint.

Mais aujourd'hui, les mers sont sillonnées d'immenses steamers à grande vitesse, qui nous transportent, en quelques jours, d'un continent à l'autre. Ces navires sont munis de tout le confortable possible : mécanique, physique, chimie, toutes les sciences, toutes les forces et tous les produits de la nature et de l'intelligence ont été mis à contribution pour les doter de l'installation la plus hygiénique. Enfin, des médecins veillent à bord sur la santé de l'équipage et des passagers, et peuvent prendre telle mesure qui leur paraîtrait nécessaire, pour assurer la parfaite hygiène du bâtiment. Pourquoi, dans ces conditions toutes nouvelles, aurait-on peur de transporter les morts ? alors, surtout, qu'il est si facile d'assurer la conservation des cadavres et de les déposer au premier port de terre ferme.

Je sais qu'on va me parler du danger possible de propager ainsi les maladies épidémiques : mais ce péril n'existe pas, si l'on vérifie au départ que les bières sont bien closes et qu'on les entretienne soigneusement. Enfin, ces maladies ne sont pas aujourd'hui, aussi dangereuses que jadis ; on a trouvé certainement les moyens de les combattre : sans cela, depuis longtemps, on jetterait à la mer les malades, aussi bien que les morts. Ajouterai-je que les bateaux mêmes des messageries — il faut toujours voir, en chaque chose, la question économique — ne repousseraient nullement le transport des cercueils, pas plus que tout autre chargement ?

Et, il y a quelque chose de si navrant, à voir ces pauvres morts précipités dans les flots ; à se figurer que les parents, qui attendaient avec tant de craintes et d'espérances le retour des vivants, n'auront même pas la consolation de posséder les restes de leurs aimés qui, devenus les jouets des vagues, roulent, sans sépulture, dans l'immensité de l'Océan.

Ces morts errants, je sais bien qu'on espère revoir leurs âmes au ciel : mais cette pensée ne peut faire oublier que le corps, ballotté par les eaux, rongé par les poissons, flotte sans cesse, comme à la recherche d'un abri qui s'enfuit, d'un lieu de repos qui ne veut pas du cadavre.

Un philosophe chinois a écrit, il est vrai, cette phrase : « Pourquoi aime-t-on mieux être mangé par les vers que dévoré par les poissons ? » Sans doute, matériellement, le résultat est le même : mais quelle différence, au point de vue de nos sentiments, que ces raisonnements, tout scientifiques qu'ils soient, ne parviennent jamais à éteindre ; que l'on consulte tous les passagers, à bord du navire : la majorité, j'en suis sûr, préférera sentir un mort dans la cale, plutôt que de voir immerger, dans la mer, où l'attend la gueule ouverte des requins, un corps humain qui, la veille encore, était assis au milieu de ses compagnons de route. Toute l'énorme différence esthétique est ici, dans la brutalité de l'acte : on livre le corps aux bêtes, visiblement, au lieu de le donner à la terre qui le dévore invisiblement.

L'aspect, toujours douloureux, devient un véritable arrachement, contre lequel le cœur de tout homme ne peut que protester. Cela est si vrai : la forme a dans ces circonstances une valeur si capitale que je n'hésite pas à avancer ceci : dans l'état de civilisation auquel nous sommes arrivés, si un défunt n'a pas lui-même, par testament, déclaré sa volonté d'être brûlé, les descendants n'auront pas le courage d'envoyer à la crémation, le corps de celui qu'ils ont entouré de tant d'amour. Et si cela est vrai pour la crémation, combien plus nos sentiments seront-ils choqués par cet horrible abandon d'un être humain, sacré encore il y a quelques heures, et livré soudain à la bestiale avidité des fauves aquatiques. Le progrès a fait tant de changements déjà, pour faciliter les relations entre les peuples les plus divers : pourquoi ne pas supprimer ce cruel ensevelissement qui, bien souvent, devient un obstacle aux voyages : car personne n'est sûr du lendemain et nul, en partant, ne peut dire : « J'arriverai à bon port ! »

On m'a raconté — je ne sais si le fait est vrai — que Sarah Bernhardt voyage toujours avec un cercueil. C'est une prévoyance que j'admire, mais je doute que sa volonté serait respectée, en cas d'accident : on ne nous a pas encore dit qu'à chacun de ses voyages elle ait fait un arrangement avec le capitaine.

Je demande pardon au lecteur de lui avoir parlé de choses si douloureuses ; mais, en raison de l'insurrection de sentiments qu'elle soulève, cette question mérite d'être examinée. Et puis, ce qui est arrivé aux autres, pourrait bien nous arriver aussi, à nous-mêmes, ou aux nôtres : tous, nous sommes condamnés à mort ; tâchons du moins de n'être pas doublement tués par l'abandon après l'exécution.

L'OMBRE CHINOISE

L'OMBRE CHINOISE

Est-ce bien la même chose, que chez vous? Savez-vous qui les a inventées? That is the question.... qu'on me pose, chaque fois que j'assiste à une représentation d'ombres chinoises.

J'avoue franchement que, pour satisfaire aux curiosités de mes interrogateurs, je me trouve dans la situation de cet écolier, disant : « Ce n'est pas la question qui m'embarrasse ; c'est la réponse. »

Jamais, en effet, dans mon pays, je n'ai vu de ces images, projetées sur un écran, auxquelles l'Europe donne ce nom asiatique. Tout ce que j'y ai connu de plus approchant, ce sont ces lanternes merveilleuses, derrière lesquelles les figures découpées tournent par la chaleur d'une lampe, comme on en voit, depuis quelque temps, sur le boulevard des Italiens, portant l'enseigne du Nouveau Cirque. Peut-être les ombres dites chinoises ne sont-elles qu'un perfectionnement de ce genre de lanternes.

Mais, alors, pourquoi ne pas dire aussi : la poudre à canon chinoise, la boussole chinoise, puisque nous en sommes, bien plus certainement, les premiers inventeurs ?

Il y a une raison philosophique à ces attributions de nationalités : on aime à garder l'anonymat pour tout ce qui est découverte sérieuse ; quant aux futilités, aux bagatelles plaisantes, aux légèretés agréables, on n'est pas fâché d'en faire remonter la paternité à autrui et, quelquefois, à soi-même.

Ainsi, tout ce qui est gai, fin, joyeux, est dit gaulois ; tout ce qui est bizarre, tiré par les cheveux, forcé, devient chinoiserie. De cette manière, chaque année, sinon chaque jour, donne droit de cité, dans l'Empire du Milieu, si peuplé déjà, à une foule de citoyens excentriques, auxquels nous n'avons jamais accordé, ni acte de naissance, ni lettres de naturalisation, et qui sont absolument étrangers à la grande doctrine de Confucius.

Pourtant, nous ne nous plaindrons pas de ces sortes d'intrusions, étant philosophes avant tout. Moins que jamais aurons-nous à récriminer, dès qu'il s'agira d'ombre. Car l'ombre, bien loin d'être dédaignée chez nous, joue un rôle considérable dans nos idées et, surtout, dans notre poésie.

Depuis l'antiquité la plus reculée, nos philosophes, lorsqu'ils voulaient parler de la vie, en comparaient toujours à une ombre la durée fugitive. D'autres cherchaient à tirer de cette image des applications morales. Ainsi, disait l'un d'eux : lorsqu'on veut cacher son ombre, ceux qui cherchent à la découvrir allument beaucoup de lampes; aussitôt les ombres se multiplient et leur forme devient plus accusée, plus laide, plus tourmentée, plus grotesque. Eh bien! nos fautes, elles aussi, grandissent par l'effort même que nous faisons pour les cacher.

Le Bouddhisme a usé de la même figure : il assimile, sans cesse, la vie au rêve, à la grêle, à l'ombre : trois choses aussi peu durables les unes que les autres. Quant au Taoïsme, il attache à l'ombre une importance encore plus grande : dans cette doctrine, la surveillance exercée par le ciel sur l'homme est une espèce d'ombre, éternellement liée à l'être qu'elle suit, et examinant ses moindre actions, bonnes ou mauvaises.

Dans notre poésie, applications innombrables de l'ombre : elle est plus idéale, en effet, que les objets grossièrement matériels dont elle nous représente la forme : elle prête mieux, par suite, aux développements éthérés. Ce qui suit va peut-être stupéfier le lecteur européen; il faut pourtant que je le lui dise, puisque cela est : nos poètes, au lieu de s'attacher à décrire le clair de lune, si uniforme, préfèrent dépeindre les ombres, projetées par l'astre dans une variété infinie. Préférence bizarre. peut-être, mais, à à coup sûr, nullement banale.

C'est l'ombre encore, qui, dans l'imagination de nos lyriques, se fait la consolatrice du malheureux solitaire : « Je lève mon verre en l'honneur de la lune, dit une strophe célèbre; elle, mon ombre et moi, nous faisons trois. » Et le buveur continue à se réjouir et à associer à son bonheur sa compagne inséparable.

La peinture même, lorsqu'elle se borne à reproduire les formes sans en imiter les couleurs, n'est autre chose qu'un appel incessant à l'ombre : avec son noir, aux nuances variées, elle reproduit les jeux multiples de l'ombre et ses dégradations innombrables. Un dessin est-il autre chose qu'une série d'ombres, savamment juxtaposées?

Ainsi, l'homme ne peut faire un pas sans être obligé de penser à l'ombre, à cet autre lui-même qui l'accompagne partout et accompagne toutes choses : le soleil lui-même... dans les éclipses; tout et tous. L'ombre est donc moitié nécessaire de notre existence. Elle vaut, à elle seule, presque autant que la réalité. Presque autant? Peut-être davantage! Lisez dans Chamisso, l'histoire véridique de l'homme qui a perdu son ombre. Vous soupirerez avec cet infortuné; vous pleurerez sur le malheureux qui a tout perdu en perdant son ombre. Et vous comprendrez alors que nous ne soyons pas fâchés de nous voir attribuer — gratuitement — les ombres chinoises!

SI ?

SI ?

———

Voilà quinze ans, qu'errant sur le pavé de l'Europe, j'entends partout me dire : Avec votre écriture idéographique et votre langue monosyllabique, composée de plus de 40.000 mots, vous ne pourrez jamais réaliser ces progrès modernes, dont nous voyons ici, tous les jours, le développement. Ne pourriez-vous pas la modifier par l'alphabet latin, afin de la rendre plus facilement lisible à tous vos compatriotes ?

Cette question m'a été posée, je ne sais combien de fois, et par tous : depuis les savants les plus illustres, jusqu'aux moindres personnes qui s'intéressent à notre nation.

J'ai beau expliquer que cette réforme n'est pas nécessaire, ni même utile, je ne parviens point à convaincre mes interrogateurs. Alors, je pense, silencieusement que, pour insister ainsi, il faut bien qu'ils aient raison. Me voilà parti, pour me mettre à parcourir les grammaires européennes, avec le désir d'y trouver les améliorations à introduire dans notre système d'écriture et de langage.

La grammaire allemande me paraît trop compliquée, et l'anglaise trop simple; la prononciation des deux langues, trop difficile. Reste la grammaire française, qui a, d'ailleurs, une trop bonne réputation, au double point de vue scientifique et diplomatique, pour ne pas fixer longuement mon attention. J'en fais une traduction, destinée à mes concitoyens. Beaucoup de gens, certainement, vont donc apprendre le français; mais je doute qu'il y ait au monde un homme capable d'introduire un changement quelconque dans la langue chinoise; les deux, en effet, ne présentent aucune espèce d'analogie.

Pour faire mon travail, je revois tous les mots que j'ai appris, autrefois, dans mon enfance. Arrivé à la conjonction, je m'arrête soudain, envahi par tout un monde d'idées, à l'aspect de ce petit mot, bien inoffensif en apparence : *Si !*

Je me perds en conjectures : toutes les suppositions possibles, bonnes ou mauvaises, se présentent immédiatement devant mes yeux; avec une rapidité incroyable, elles déroulent les images les plus diverses, les destinées les plus contraires. Je ne sais pas qui a fabriqué ce mot immensément puissant, mais je suis sûr qu'il n'y eut jamais inventeur plus fertile en ressources, plus apte à examiner toutes les faces d'une question, à tourner et retourner un problème, que celui qui composa, avec deux pauvres lettres seulement, ce doux et terrible *Si*, cette incarnation de l'hypothèse.

Si est le criminel par excellence : législation, coutumes, morale, il ne respecte rien, pas même les lois éternelles de la nature, qu'il démolit et reconstruit à sa guise.

Et quelle influence universelle ! *Si* intervient à chaque seconde dans le gouvernement des États ; la diplomatie n'est fondée que sur cette base, bien faible en apparence, bien forte en réalité. Lui seul impose les conditions ! lui seul exige la réciprocité ! L'ultimatum n'obtient de satisfaction que lorsque *Si...* est réalisé. Et la paix ne peut être signée tant que le vaincu ne s'engage pas à respecter... *Si*. Est-il question — pour porter la discussion sur un terrain plus humble, mais non moins utile — de déterminer les relations commerciales des pays, de jeter les bases de leur action industrielle ; pas un grain de blé ne passera les frontières ; pas une molécule de fer ne sortira du minerai, sans la permission de... *Si*. De sorte qu'on aura beau étudier politique, histoire, économie, statistique, droit privé et public, civil et international : pour être qualifié de diplomate, tout cela n'est que peu de chose ; il faut, avant tout et par-dessus tout, avoir appris à manier, à prononcer, à placer au moment le plus favorable, ce grand factotum de la machine gouvernementale : *Si*.

Si crée les rapports les plus cordiaux ; il est, au fond, la conclusion de tous les grands actes. Que de guerres il a su éviter ; que de froissements, épargner ; et, pour ne pas montrer que ses bonnes œuvres, que de ruptures amenées, que de batailles livrées, grâce à lui ! Vous cherchez telle cause historique au conflit ou à son apaisement, vous fouillez archives et bibliothèques, vous vous imaginez, enfin, avoir mis la main sur les faits créateurs de la querelle ou de la réconciliation ; et vous bâtissez là-dessus tout un système, qu'on enseignera dans les écoles de l'avenir. Mais vous vous trompez ! Vous n'y entendez rien ! C'est *Si*, et lui seul qui a tout fait ! N'est-ce pas lui, qui représente l'honneur des nations, et l'intérêt même de chacune d'elles : car, au fond de tout, il y a l'intérêt !

Passons-nous aux rapports de société ? Il est impossible d'être aimable ou dévoué, en se passant du concours de *Si*. Le mariage ne se fait jamais sans que... *Si* ne soit prononcé. La naissance ne se soustrait pas à son influence, et la mort même, trône dernière souveraine, lui est soumise, elle aussi.

En fait d'amour, me faudra-t-il encore dépeindre le rôle de *Si* ? Nulle part il ne se montre plus envahissant, plus exclusivement dominateur, plus jaloux de faire sentir sa force : il se glisse au cœur de celui qui espère, et de ceux qui ont tout à redouter : il crée les rêves dorés du bonheur et les plus noires imaginations du soupçon. Il unit, sépare, rapproche, bouleverse à volonté, mille fois plus puissant que le petit archer de l'antique mythologie.

Il est aussi le grand constructeur des châteaux en Espagne. Il nous aide à supporter la vie, par l'espérance de chaque jour, et à la finir moins tristement par l'espoir de l'éternité. A ce titre nous n'avons que des remerciements à lui adresser, à ce consolateur qui encourage et soutient le faible, sur le point de défaillir.

Vous imaginez peut-être qu'il a daigné épargner nos sentiments les plus impersonnels, les jouissances esthétiques de l'art le plus détaché de la terre? Erreur! L'habile trompeur a su se glisser, jusque dans les notes de l'octave, dont on ne le chassera jamais, et qu'il ferme victorieusement, placé au faîte le plus haut.

Dans notre langue, ce mot *Si* est représenté par plusieurs figures, composées toujours de deux lettres.

La première de ces figures montre le signe *parole*, suivi de l'idéogramme *désaccord*. Manière originale de nous dire que *Si* entre dans la phrase, uniquement pour en changer le sens et le rendre douteux.

La deuxième figure est formée des mots *homme* et *morceau*. Est-il possible d'exprimer plus clairement qu'avec *Si* on ne possède jamais l'homme tout entier? Du reste, l'ensemble employé seul, veut dire : *faux, trompeur*.

Une troisième figure commence également par *homme*, et se termine par *favori*. Certainement, l'inventeur de notre écriture a voulu, dans sa profonde connaissance du cœur humain, nous faire entendre que la promesse conditionnelle, qui laisse la liberté de se dégager à un moment donné, est et demeure bien chère à l'homme !

Enfin, une dernière figure nous montre *Si* sous la forme d'une *femme*, accompagnée du signe *bouche*.

Quelle éloquence dans cette représentation, et quelle vérité ! *Si*, n'est-ce pas tout cet être ondoyant et divers, perfide comme l'onde et charmant comme l'aurore, qui personnifie toutes les finesses unies à tous les charmes? N'est-ce pas la femme tout entière? Et cette créature exquise, toute parfaite que nous la désirions, ne perdrait-elle pas une grande partie de son empire sur le sexe prétendu fort, en abandonnant tout ce qu'il y a d'attraits et d'émotions dans l'usage raffiné qu'elle sait faire du... *Si*?

Sans doute, le créateur de nos caractères, en multipliant les idéogrammes chargés de représenter ce vocable, avait parfaitement conscience de l'impossibilité d'en rendre, par un seul signe, les sens multiples et les emplois variés. Aussi en inventa-t-il quatre, et ce n'est pas trop. Est-ce même assez, et tout a-t-il été figuré ainsi? Je ne le pense pas : notre langue a eu beau multiplier les images pour montrer tout ce que *Si* renferme de pensées, de finesse, de ruses, de doutes, de désirs et d'espérances : l'expression, ici, sera toujours au-dessous de la pensée; elle ne parviendra jamais à rendre toutes les modalités, infiniment diverses, d'un mot qui échappe à la définition, qui est l'incertain posé en axiome, l'insaisissable fait *verbe*.

A ce point de vue, nos *Si* chinois ont même un grand désavantage, quand on les compare au *Si* français. Chacun des quatre est quelque peu spécialisé, appliqué à une espèce particulière du doute, plus défini, par conséquence.

Le *Si* français, au contraire, jouit d'une puissance illimitée, comme le sens même de cette particule : la langue lui appartient en entier; son empire absolu, qu'aucune fiction ne restreint, est bien fait pour épouvanter l'écrivain et lui inspirer le désir de se passer d'un ami dangereux, du plus envahissant des collaborateurs. Aussi, quelque secourable qu'il puisse être, d'ailleurs ; quelques grands que soient les services qu'on peut attendre de sa fréquentation, je me suis senti pris de frayeur, au moment de me trouver à côté de cet absorbant auxiliaire. J'ai donc résolu, pour aujourd'hui du moins, de renoncer à toute relation avec ce personnage très prépondérant. J'ai voulu, même en ne parlant que de *Si*, éviter soigneusement de faire appel à son intervention, pour échapper aux hésitations, aux doutes, aux craintes, que son entrée en scène implique toujours; pour me soustraire aussi, au retour perpétuel de ce son aigu, toujours le même, et qui eût fini par changer ce *si en scie*.

Quoi qu'il en soit, cette simple comparaison entre les rôles différents joués par un seul et même mot en français et en chinois, suffira peut-être pour faire comprendre au public européen quelles difficultés s'opposent à une modification artificielle de notre langue et de notre écriture. Avoir tant à dire, pour un seul mot!. Que serait-ce donc, lorsqu'il faudrait eu étudier quarante mille?

J'ai fait tout ce que j'ai pu, pour rendre tangibles les obstacles qui se dresseraient devant une tentative de transformation. Mon but a-t-il été atteint? Ai-je donné à entendre au lecteur ce que je ressentais moi-même? A-t-il saisi tout ce que renferme de grandes choses ce petit mot ? Et comprend-il comme moi que les nuances sont intraduisibles?

Peut-être ai-je bien fait. Peut-être aurai-je pu mieux faire... Si.....

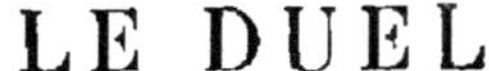

LE DUEL

LE DUEL

L'Europe est décidément pour moi une mine inépuisable de surprises. Les contradictions les plus flagrantes s'étalent ici, côte à côte, sans que personne s'avise de trouver étonnantes ces juxtapositions bizarres.

Ce matin, j'ouvre un journal. La première chose qui me saute aux yeux, est le récit d'un duel entre deux journalistes : l'un des adversaires a été tué raide; l'autre est sorti de l'affaire suffisamment estropié.

J'avais déjà entendu parler, autrefois, de ces combats étranges, qui ont la prétention de régler des questions d'honneur à coups d'épée ou de pistolet. Je m'étais demandé d'où les Européens civilisés pouvaient tenir cette coutume aussi sauvage et voici ce que j'ai appris.

Le duel prit naissance, il y a plus d'un millier d'années, pendant cette triste période qu'on appelle le moyen age, durant laquelle toute l'Europe fut plongée dans la plus effroyable barbarie.

Parmi les innombrables superstitions qui hantaient le cerveau des contemporains de cet âge de décadence, il s'en trouva une, plus absurde peut-être que toutes les autres ; elle consistait à admettre que Dieu se mêlait directement et à chaque instant des affaires terrestres, que, si de deux hommes, l'un accusait l'autre sans preuves, il suffisait de placer les adversaires en champ clos et de les faire battre à mort : le vainqueur avait raison, disait-on, car c'est Dieu qui donne la victoire.

Jamais pareille folie n'a germé sous le crâne d'un habitant du Céleste Empire. Quand on a été élevé dans les saines doctrines de Confucius, on ne peut pas croire que les choses se passent de cette manière.

Quoi qu'il en soit, telle était la façon de procéder en Europe, durant le moyen âge. Vous insultiez le meilleur des hommes : il était forcé de se battre avec vous. Vous l'assommiez grâce à vos gros biceps : et il était proclamé coupable de toutes les infamies dont vous l'aviez accusé. C'était le jugement de Dieu et personne ne se fût permis d'élever un doute, encore moins de formuler une objection. Malheur au téméraire qui aurait risqué une pareille démarche ! On l'eût bien vite fait flamber sur un bûcher pour lui apprendre à vivre.

Ce petit jeu se poursuivit donc à travers les siècles sans que personne y trouvât à redire. Les plus forts et les plus adroits exterminaient les plus faibles et les moins habiles. On se battait pour n'importe qui, et pour n'importe quoi : pour le sourire d'une femme, pour un habit à la mode, pour un mot, pour un geste, pour le plaisir de se battre, pour rien ! Les adversaires se faisaient accompagner d'un ou plusieurs seconds qui ne s'étaient jamais vus, ou se trouvaient être les meilleurs amis du monde ; et qui n'en étaient pas moins obligés de s'entr'égorger sans savoir pourquoi.

Le moyen âge passe, enfin! mais le duel reste. Il entra si bien dans les mœurs et fit de tels ravages, que le grand ministre Richelieu finit par défendre ces rencontres, sous peine de mort, et fit couper la tête à un certain nombre de contrevenants.

Mais, admirez ici la force de l'habitude, malgré toutes les transformations que l'Europe a subies depuis, le duel survit encore. Alors même que les philosophes de ce continent ont quelque peu expulsé Dieu de partout, le jugement de Dieu subsiste, préjugé indéracinable. Les athées eux-mêmes y sont soumis aussi bien que les croyants et, obligés par les mœurs, vont sur le terrain, invoquer la décision d'un Dieu dont ils nient l'existence.

Mes compatriotes ne voudront peut-être pas croire ce que je viens de raconter. C'est pourtant l'exacte

vérité. J'ai assez dit de bien, d'ailleurs, de tout ce
que j'ai vu de beau et de bon en Europe, pour que
l'on ajoute foi à ma parole, quand je dépeins quelques vices des nations de ce pays; vices incompré-
hensibles, mais malheureusement trop réels.

Je parlais, tout à l'heure, de journalistes qui se sont
battus. Cela se voit presque tous les jours. Je me hâte
de dire que tous les duels, heureusement, n'ont pas
l'issue fatale de la rencontre à laquelle je faisais allusion, et voici pourquoi.

On se bat à l'épée ou au pistolet. Lorsque l'on doit
se servir du pistolet et que la querelle n'a pas de mo-
tifs graves, les témoins s'arrangent de façon à placer
les combattants à distance telle que la balle ait des
chances de s'égarer. En quoi je les approuve complètement.

Le duel à l'épée est souvent aussi inoffensif. La plupart des jeunes gens ont appris, dès l'adolescence à manier cette arme et y ont acquis une certaine habileté.
Lorsque le combat a lieu entre hommes exercés à ce
sport d'un genre particulier, il est rare que l'affaire
tourne mal. Les adversaires parent avec la même
habileté, attaquent avec les mêmes ménagements et
le combat finit par une légère piqûre, suffisante pour
faire déclarer l'honneur satisfait.

Les mœurs admettent le duel : les lois le punissent.
Mais les juges, en général, ferment les yeux, pour ne
sévir que lorsqu'il y a mort d'homme, ce que je trouve
très illogique. D'abord, comme je l'ai démontré plus
haut, on ne se tue guère qu'entre gens qui ne savent

pas se battre et doivent, par conséquent, être considérés comme moins responsables. Puis, comment la loi, si tolérante, en général, peut-elle se montrer sévère lorsqu'un malheur arrive? Est-ce que, dans ces rencontres, où chacun lutte pour sa vie, frappe pour ne pas être frappé, il est toujours possible de calculer exactement la portée des coups? Est-ce que celui qui a tué a plus voulu tuer que tel autre, qui n'a fait que blesser légèrement? Est-ce que le vaincu, enfin, n'est pas aussi responsable de sa mort que le vainqueur?

Dans notre belle Chine, heureusement, nous n'avons pas à nous poser toutes ces questions. Chez nous, en effet, il n'existe aucun genre de duel, pas même celui pratiqué au Japon, et qui consiste à s'ouvrir le ventre dans la maison de l'homme qui vous insulte, pour l'obliger à se tuer à son tour. On nous accuse parfois, en Europe, de pratiquer ce duel, à mort obligatoire; mais c'est là une erreur absolue, pour ce qui concerne la Chine.

Les questions d'honneur, dans mon pays, se règlent autrement.

Lorsqu'il s'agit d'injures graves, c'est toujours la justice qui est chargée de décider. Et son action sévère a réduit au minimum les cas de ce genre.

Pour les injures légères, nous avons trouvé la ressource de l'arrangement à l'amiable, sans coups ni blessures. Les amis des deux parties interviennent, pour arranger le différend. Tout s'explique et les adversaires se réconcilient. Celui qui a eu les plus grands torts, fait partir une quantité de pétards devant la maison de l'offensé : ces détonations, aussi bruyantes, mais moins malsaines que celles des pistolets, ont pour but d'apprendre au public que réparation a lieu. Puis, l'offenseur offre à dîner aux témoins et à la partie adverse et les invite à assister à une représentation théâtrale, dans un temple du voisinage. Après quoi, tout est oublié.

Voilà ce qui se passe quand l'insulteur et l'insulté sont de même rang. Lorsque c'est un inférieur qui a insulté un supérieur, il lui présente ses excuses devant les témoins, après avoir tiré de nombreux pétards devant sa porte. Si c'est le supérieur qui offense un homme de rang inférieur, il lui fait ses excuses, l'invite à dîner avec les témoins et les pétards racontent comme dans les autres cas, au public, que toutes choses sont remises en état.

Il faut remarquer ici que, dans les diverses circonstances que je viens d'énumérer, l'insulteur finit toujours par présenter ses excuses à l'offensé : il y est moralement obligé. En Europe, au contraire, c'est une lâcheté, que de présenter de légitimes excuses à celui qu'on a injustement outragé. Comprend-on une pareille aberration? Est-ce qu'on ne doit pas être heureux de réparer l'injustice dont on a conscience, heureux d'avouer ses torts?

Le mari se bat en duel avec celui qu'il soupçonne d'être trop aimé de sa femme. Le pauvre époux a quelquefois raison, ce qui ne l'empêche pas de recevoir un bon coup d'épée par-dessus le marché. Notre système social rend la surveillance de la vie féminine trop facile, pour que ces sortes de querelles puissent exister chez nous. Mais s'il arrive qu'une femme mariée manque réellement à ses devoirs, le mari outragé a le droit de se venger sur les deux coupables, pris sur le fait. Je dis *tous les deux*; car, s'il ne tuait que l'amant seul, il serait puni pour meurtre, commis avec circonstances atténuantes.

En Occident, le mari est libre de tuer un seul des coupables. D'autre part, si une jeune femme, trompée par son amant, cherche à se venger de lui, il ne lui servira à rien de le manquer : on commencera par lui faire passer un temps indéterminé en prison, dans une promiscuité horrible; et, même acquittée, elle en sortira à jamais flétrie.

Je ne veux pas faire passer devant vos yeux tous les cas de duels possibles. J'ai voulu simplement vous faire connaître ce trait du caractère européen. Je suis convaincu que vous serez affligé, comme je l'ai été moi-même, en apprenant que de pareilles habitudes sont possibles; vous direz avec moi, j'en suis certain, que tout n'est pas encore parfait en Europe; que la civilisation comprend autre chose encore que des machines merveilleuses et que l'Européen n'a pas le droit de nous traiter de barbares, comme il le fait souvent, alors que nous nous distinguons par la douceur de nos mœurs et par notre morale, si véritablement humaine.

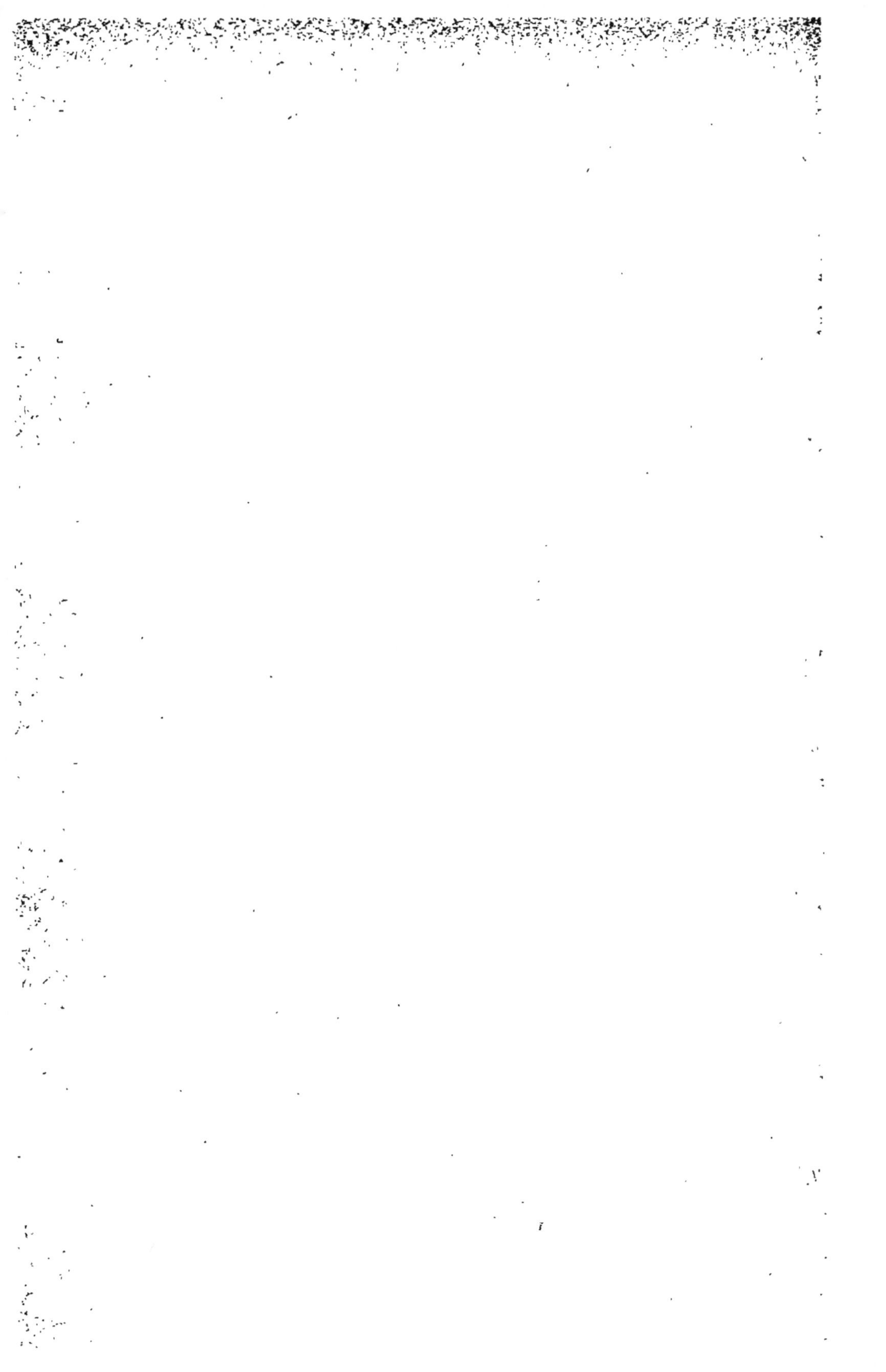

LA VILLÉGIATURE

LA VILLÉGIATURE

Le dictionnaire chinois ne connaît pas de terme correspondant exactement à ce mot : villégiature.

C'est que les mots représentent les choses ; or, la chose en question est inconnue en Chine: le mot n'y peut donc exister.

Nous aimons les parties de campagne. Lorsque nous voulons passer quelque temps hors du foyer, nous faisons des excursions dans les contrées qui renferment des lieux historiques célèbres, ou des sites particulièrement renommés. Mais nous n'avons rien de comparable aux villes d'eaux européennes, ni à ses campagnes, chères aux heureux du monde, durant la belle saison.

C'est une chose très curieuse et digne d'observation, que cette poussée printanière qui porte, par exemple, les Parisiens à sortir de chez eux, à quitter la maison où ils ont leurs aises et leurs habitudes, pour aller vivre pendant des mois dans des petites villes, consacrées par la mode du jour, aux environs de la capitale, sur les plages de l'Océan ou de la Méditerranée, dans les Alpes ou les Pyrénées.

L'habitant des grandes agglomérations urbaines est surmené, par les fatigues de la vie moderne. On croirait donc que le séjour de la campagne a pour but de retremper son corps, de rendre leur vigueur première à ses nerfs épuisés.

Malheureusement, il n'en est rien. La campagne ne repose l'homme que lorsqu'il y vit complètement en campagnard, se couchant avec les poules et se levant avec l'aube, se grisant d'air pur et s'abstenant avec le plus grand soin des excitations familières au milieu des villes.

Or, le Parisien qui s'en va en villégiature, renonce tout simplement aux avantages de la ville, sans jouir des bienfaits de la campagne. Logé à l'hôtel, il y sera privé du confortable auquel il est habitué. Et cette infériorité n'est pas compensée par des économies correspondantes. Bien au contraire : tout est plus mauvais, mais bien plus cher.

Voilà notre homme installé, et assez mal installé. Il retrouve la société qu'il fréquentait dans la capi-

tale, les amis et connaissances qui, venus comme lui
pour chercher le repos, s'ennuient bientôt et ne savent
plus que faire pour tuer le temps.

Alors se présente la grande ressource : le casino,
avec ses fêtes, ses bals, ses jeux, sa roulette, ses petits chevaux : et la vie enragée de la ville, qui tue en
faisant de la nuit le jour, recommence ; d'autant plus
énervante que les occupations quotidiennes ne sont
plus là, pour faire diversion. De sorte qu'en dernier
lieu l'infortuné, qui avait rêvé de se transformer en
campagnard, s'aperçoit qu'il n'est qu'un citadin, mo-
mentanément exporté.

Et, pourtant, elle ont du bon et même beaucoup
de bon, ces stations thermales, si nombreuses en Europe et surtout en France, où le malade peut retrouver la santé ; où le corps reprend force et vigueur, au
contact des eaux bienfaisantes que la terre a chauffées
dans son sein. Elles seraient parfaites, si elles se con-
tentaient d'être des villes d'eaux et ne voulaient pas
être en même temps des villes de plaisir ; si elles ne
détruisaient pas le soir, par leurs amusements, le
bien qu'elles ont fait dans la journée !

Les bains de mer me plaisent moins. Non pas, parce
qu'en Chine, nous n'aimons que les bains chauds et
que, depuis des siècles, nous rendons l'eau froide responsable d'une foule de maladies. Il y a autre chose
encore. Je ne comprends pas ce baigneur qui porte
ces baigneuses, il y a là quelque chose de véritablement gênant. Je crois aussi qu'un costume un peu plus
habillé ne déparerait pas les jolies sirènes. Je dis cela

pour elles, non pour les spectateurs. J'avoue enfin — j'espère qu'on me pardonnera ce crime — que la vue des talons de différentes couleurs, aperçus lorsque les charmeuses prennent leur élan vers la mer, m'a fait un effet bizarre. Oh! ces paires de talons teints en bleu, en saumon, en noir, que sais-je encore, suivant la couleur des bas portés par la baigneuse! Comme j'ai ri, la première fois que ces talons diaprés se montrèrent à mes yeux stupéfaits!

Des mécomptes, imputables non plus à l'homme, mais à la nature, rendent parfois la villégiature désagréable. Le frileux s'en va à Nice pour y trouver la chaleur dont ses membres engourdis ont besoin : il est accueilli par le souffle glacé du mistral et s'aperçoit à ses dépens que *midi* n'est pas toujours équivalent de *chaleur*. Tel autre, qui rêve de journées fraiches au bord de l'océan, arrive par le calme plat et grille sur une côte sans verdure et sans ombrage, où la chaleur du soleil est augmentée par la réverbération du sable et du miroir liquide.

Ce sont surtout les nouveaux mariés qu'il faut plaindre, lorsqu'on les voit partir, pour bercer dans le climat tiède des contrées méridionales, les premiers mois de l'hyménée. Que de divorces en germe, dans les déceptions presque inévitables d'un voyage de noces?

Les plus rationnels, parmi ces amateurs de villégiature, sont certainement ceux qui, prenant la campagne au sérieux, se vouent pendant quelque temps à l'imitation des labeurs du campagnard. Il y a beau-

coup de bon sens et une saine com préhension des
choses, dans le cerveau de cet avocat ou de ce ren-
tier qui, au sortir de la ville, s'enfuient dans quelque
village isolé, s'emparent de la bêche et du rateau et
piochent, comme si leur vie dépendait du nombre
des coups qu'ils assènent à la terre.

C'est que le travail manuel est, pour une bonne
partie, la santé de l'homme. Seul il conserve — quand
il n'est pas excessif, bien entendu et ne fait point succomber à la peine celui qui l'exerce — seul il conserve
la vigueur du corps, la souplesse des muscles et cette
sensation de bonheur complet que les grands travailleurs de l'intelligence avouent avoir toujours trouvée
dans l'activité physique.

Car la cause principale de l'affaiblissement des
citadins n'est pas due, comme on l'a répété souvent,
à une fatigue nerveuse excessive, elle résulte de ce
que le corps ne travaille pas autant que le cerveau ;
de ce que le travail musculaire ne se joint pas au travail cérébral, pour créer cette heureuse harmonie,
cet équilibre parfait du corps et de l'intelligence, qui
est la santé.

Heureux ceux qui comprennent cette vérité ; ceux
qui savent, une fois délivrés du fardeau des occupations de l'année, employer leurs vacances à faire vivre
la bête, en la faisant travailler !

Je n'ai pas, d'ailleurs, le mérite d'avoir inventé
cette théorie. J'aurais pu la puiser dans les livres des
penseurs et des hygiénistes de l'Europe. Je n'ai pas
eu besoin de recours à leurs œuvres, pour cette

bonne raison que la pratique, dans mon pays, est conforme à cette théorie.

Nous n'avons, en effet, à aucun degré, cette répulsion pour le travail manuel que manifeste l'Européen des classes supérieures, et qui nous parait si étrange, lorsqu'au sortir de notre milieu national nous sommes transportés tout à coup dans la société occidentale.

En Chine, personne n'échappe au travail manuel, personne ne songe à y échapper. Dès l'enfance, chacun de nous est exercé à faire toutes sortes de métiers, à manier les outils, à transformer toutes les matières premières, à faire, dans l'intérieur de la maison, les réparations sans recourir à un ouvrier spécial. Tous, nous savons aussi ce que c'est qu'un champ et tous nous avons mis la main à la pâte. Ce n'est pas comme un vain symbole qu'une fête, renouvelée chaque année, met la charrue entre les mains de notre souverain. Ce fait est plutôt l'expression d'une réalité ; il veut dire que le labeur est la santé de tous et que nul ne s'y doit soustraire, sous peine de cette amende qu'inflige sans appel le tribunal de la nature : l'affaiblissement de la race.

Aussi, lorsque des grandes dames qui, à Paris, ne sauraient descendre de leur voiture sans l'aide d'un laquais plus ou moins galonné, chaussent les bottines à gros clous et saisissent le bâton ferré, pour grimper dans les montagnes ; lorsque d'autres pêchent la crevette comme de simples filles du bord de la mer, ou s'emparent des rames et font marcher rapidement leur canot ; que tel riche banquier s'attelle à un établi et passe des heures à pousser le rabot, ce spectacle me cause un plaisir infini.

Sans doute, ces heureux ne font que par plaisir ce que le peuple fait par nécessité. Mais enfin, ils le font. Pendant quelques mois, ils payent tribut à la nature, obéissent à la loi commune, et se trouvent largement récompensés par le renouveau de santé, qui résulte pour eux de cette existence, dépouillée de toute allure artificielle.

UNE VISITE AU MUSÉE DU LOUVRE

UNE VISITE AU MUSÉE DU LOUVRE

On appelle musée, en Europe, une espèce de grand bâtiment dans lequel on a réuni des chefs-d'œuvre des arts et des sciences; ou, simplement, les objets qui peuvent nous renseigner sur la vie, les mœurs et les idées des peuples.

De toutes les collections de ce genre, celle du Louvre est une des plus belles. Elle renferme des trésors recueillis presque sur tous les points du globe civilisé, et nous permet de passer en revue, dans un coup d'œil, l'histoire des nations et leurs destinées diverses.

C'est là une institution admirablement comprise et dont je regrette bien que nous ne possédions pas l'analogue en Chine. Sans doute, nous avons, nous aussi, des collections d'une richesse merveilleuse. Mais elles s'adressent spécialement à la Chine, sans s'occuper de l'art des autres pays. De plus, appartenant à quelques particuliers, elles ne sont pas accessibles au peuple, qui ne peut venir s'y instruire gratuitement, chaque jour, comme font les heureux habitants de Paris.

Lorsque je passai sous la large porte du Louvre, je ne pus m'empêcher de penser aux catastrophes qui modifient la destinée des choses et celle des hommes. L'ancien palais des rois est devenu le temple des arts et des sciences. La troupe bruyante des courtisans a fait place à la foule studieuse et recueillie. Les dynasties sont tombées dans l'oubli, et là même où elles triomphaient autrefois, le visiteur pensif, contemple maintenant les débris de tous les âges de l'humanité.

Voici d'abord l'Égypte, qui, il y a six ou sept mille ans, possédait déjà une civilisation puissante. Quelle recherche du colossal dans ces fragments de statues gigantesques! Quel amour de l'éternité, dans l'emploi des pierres les plus dures, dans la momification des morts.

Et à quoi bon? Les statues, maintenant, sont brisées et les momies, retirées de leur cercueil, sont exposées, comme de simples dieux à tête de chien ou d'épervier, aux yeux du public, railleur, qui ne comprend plus ni animaux divinisés, ni éternisation des cadavres.

Plus loin, j'admire cette belle statue de roi, dont une inscription nous apprend le nom. Mais, les savants, qui ne respectent rien, et n'admirent jamais qu'à bon escient, ont découvert que l'inscription est un faux : que le roi inscrit, trouvant la statue belle, a essayé de faire passer pour son image à lui, le portrait d'un monarque plus ancien de vingt siècles. C'était bien la peine de démarquer... le granit des autres, pour être déshonoré trois mille six cents ans plus tard par un égyptologue qui, tranquillement assis dans sa bibliothèque, vous démontre par $a + b$ qu'un Pharaon, jusqu'alors vénéré, n'était qu'un farceur.

Voici un autre roi, élevé au rang de dieu : assisté de quarante-deux juges infernaux, il prononce sur le sort des âmes qui lui sont amenées par un dieu à tête de chacal. Je retrouve, dans cette scène, les juges infernaux des taoïstes : l'humanité, non éclairée, produit partout les mêmes conceptions.

Ces Egyptiens, du reste, eurent, de tout temps, une façon bien singulière de concevoir la nature humaine. Ils avaient la mort en haine, ce qui se conçoit. Mais l'idée de la fin, idée pourtant inévitable, leur était si odieuse, qu'ils en arrivaient à prolonger leur existence de deux manières : ils conservaient leurs corps — après en avoir cependant extrait la cervelle — par l'embaumement ; en même temps, ils supposaient que lorsque l'homme avait rendu le dernier soupir, une espèce de *double* en restait vivant. C'était comme une ombre du trépassé, qui s'en allait dans l'enfer, se faire juger et commencer une nouvelle existence.

Nos aïeux, à nous, surent éviter ces imaginations

bizarres et quelque peu enfantines. Nos philosophes,
que résuma Confucius, ne nous apprirent point à
espérer une nouvelle vie. En même temps, ils surent
donner satisfaction à ce désir de l'infini, inné au cœur
de tout mortel. Ils nous montrèrent que si l'individu
périssait, il subsistait, du moins, par ses efforts, par
ses bonnes actions, dans la famille et dans l'humanité.
Ils créèrent ce noble culte des ancêtres, grâce auquel
chacun de nous se sent revivre dans les siens. Aussi,
la mort toujours pénible, ne nous épouvante-t-elle pas
comme ces Égyptiens d'autrefois.

Nous savons que nous ne périrons pas en entier :
que quelque chose de nous persiste dans notre descendance ; que, si une branche est morte, l'arbre n'en
continue pas moins à fleurir et à pousser de vigoureux
rejetons. Théorie infiniment plus consolante et autrement vraie que celle du *double* égyptien et de ses
parties de canot après la mort.

Sur tous ces monuments d'Egypte, l'on voit des
caractères qui ressemblent à l'écriture chinoise, en ce
qu'ils peignent des idées, au lieu de reproduire des
sons. Mais la ressemblance est bien plus grande encore dans l'écriture des Assyriens et des Babyloniens,
plus anciens encore que les Égyptiens. Nous trouvons
dans des salles voisines, des échantillons nombreux
de cette écriture : les objets nommés y ont perdu leur
forme primitive et ne sont plus représentés que par
des traits droits. Ici encore, c'est une profusion de rois,
de dieux et d'animaux fantastiques : des taureaux à
tête humaine gardent l'entrée de la salle.

Les Phéniciens ont aussi leur musée : c'étaient des gens pratiques. Trouvant trop difficile la représentation des idées, ils se prirent à écrire des sons et créèrent l'alphabet, dont tant de nations se servent aujourd'hui : ce n'est pas mal imaginé pour un peuple de marchands.

Les Grecs, qui ont beaucoup pris à l'Egypte, sont représentés par des statues merveilleuses. Ils figurent dans l'ancien monde européen, la perfection artistique. Les Romains, qui leur succèdent, les imitent, sans les égaler : ils pensaient trop à piller la terre pour être de véritables artistes. J'ai vu, dans une autre partie du musée, quelques modèles de machines de guerre, dont ces Romains se servirent pour prendre les villes de la France, qu'on appelait alors la Gaule. Ils étaient commandés par un chef nommé César, qui tua deux millions de Gaulois et fit couper les deux poings à un demi-million de ces braves gens, coupables d'avoir défendu contre lui leur patrie. En ma qualité de Chinois, je suis bien obligé de constater que, malgré sa cruauté, ce César est partout appelé grand homme; et Tamerlan, qui a fait couper à peine trois ou quatre cent mille têtes, est traité de barbare féroce. On n'a jamais pu m'expliquer cette différence d'épithètes.

Nous passons ensuite dans les salles du moyen âge et de la renaissance. La comparaison des dates nous montre l'art, éclipsé pendant de nombreux siècles. L'Europe était redevenue barbare, alors que notre Extrême-Orient poursuivait, à travers les siècles, sa carrière paisible. On voit ses artistes bégayer d'abord, comme l'enfant qui apprend à parler, puis se perfectionner peu à peu, arriver enfin à une éclosion magnifique, et créer des merveilles comparables à ce que l'antiquité avait produit de plus beau. Le musée de la sculpture moderne nous prouve que l'art n'a plus dégénéré depuis.

Ici, il faut nous désintéresser un peu de la sculpture, et envisager l'art européen sous une forme plus générale. L'antiquité, en effet, ne nous a guère laissé autre chose que des monuments taillés dans la pierre. La peinture, telle qu'on la pratiquait dans ces âges reculés, ne pouvait durer et a presque totalement disparu, usée rapidement par l'effort des siècles.

Dans les temps modernes, au contraire, c'est la peinture qui tient la plus large place et le Louvre nous permet d'assister à la naissance de cette nouvelle forme artistique, et d'en suivre, jusqu'à nos jours, le développement ininterrompu.

La peinture, en Europe, hésita longtemps entre différents procédés, pour s'arrêter définitivement au plus durable, à celui qui, en même temps, se prête mieux que tout autre aux fantaisies les plus variées du pinceau.

Depuis l'invention de la peinture à l'huile, un grand changement se manifeste dans le monde. L'art, mis en possession d'un interprète docile et vigoureux, songea dès lors à travailler pour les siècles à venir et la toile se mit à faire au marbre une concurrence terrible.

Nous allons trouver, ici, ce que la peinture a inventé de plus beau. Tous les âges, tous les pays, toutes les écoles sont représentées par leurs chefs-d'œuvre. Plus de deux mille tableaux m'ont enchanté. L'Italie, l'Espagne, les Flandres, la Hollande, l'Allemagne, la France, rivalisent par la perfection du fini et la magie des conceptions.

Comme si ce musée voulait me démontrer que l'Europe peut réunir, dans toutes les branches de l'art, les créations les plus parfaites de la terre, de nombreuses vitrines étalent encore devant mes yeux des merveilles de joaillerie, des émaux exquis, des bijoux inimitables. Je refais un deuxième voyage autour de la terre, en parcourant les salles qui hébergent tous ces chefs-d'œuvre et, tout ébloui, je finis par m'enfuir au deuxième étage.

Là, je retrouve de nombreux tableaux ; mais je suis émerveillé surtout par la vue du musée de la marine, qui figure tout ce que la navigation a pu tenter depuis les temps les plus lointains. Je finis par me trouver, subitement, dans mon pays. Car il y a un musée chinois, dans cet étonnant Musée du Louvre. Et, tout à coup, je me demande si j'ai pu, jamais, quitter le sol natal et je regarde avec émotion tous ces objets, qui semblent me dire : « Compatriote de l'Empire du Milieu ! nous te saluons sur la terre française ! »

Je sors, enfin, du musée. J'en emporte un violent mal de tête ; mais ça m'est égal, car j'y ai appris beaucoup de choses. J'ai vu là, toute une population de dieux, adorés autrefois, et dont tout le monde rit aujourd'hui. J'ai passé, promeneur indifférent, devant

les monarques jadis tout puissants et dont le dix-
neuvième siècle ignore jusqu'au nom. J'ai vu se dé-
rouler devant mes yeux l'histoire de grands peuples,
qui dominèrent un jour la plus grande partie de la
terre et qui, depuis, ont été effacés du sol.

Et je me dis que les dieux et les puissants du jour
ne sont pas plus immortels que ceux de jadis. Je comprends, surtout, combien sont folles de s'entre-dévo-
vorer, des nations toutes également destinées à dis-
paraître par la guerre, et qui, pour échapper à la
ruine, n'ont qu'une seule ressource : S'entendre entre
elles; organiser la paix au lieu de préparer la guerre
et faire régner la tranquillité et le bonheur sur toute
la surface du globe réconcilié.

EN BALLON

EN BALLON

———

Une vieille légende chinoise raconte que, sous la dynastie des Tcheou, une troupe de brigands désolait le pays. Les bandits restèrent longtemps insaisissables. Ils avaient, en effet, inventé une machine qui leur permettait de s'élever dans les airs et de se soustraire ainsi à la poursuite des autorités.

Les contes dus à l'imagination d'autres peuples nous rapportent des faits analogues. Et la mythologie grecque, de son côté, avec l'histoire de l'ascension de Dédale et de la chute d'Icare, retrace le même ordre d'idées.

Ces exemples différents nous prouvent combien

l'homme, attaché à la terre, a toujours envié à l'oiseau le domaine des airs où il plane. Quelle que soit la valeur historique des légendes que je viens de rappeler, elles attestent toutes les efforts faits par nos aïeux de toutes races et de tous pays, pour se détacher du sol et s'élancer, comme l'hirondelle, dans l'atmosphère.

Rêve tentant, qui après avoir bercé l'humanité pendant de longs siècles, a été enfin réalisé en France, il y a une centaine d'années, par la découverte des frères Montgolfier.

J'avais déjà entendu parler, dans mon pays, de cette invention, une des plus merveilleuses qu'ait pu concevoir le génie humain, et dont les résultats sont incalculables, mais maintenant j'allais voir la machine à l'œuvre, y prendre place et franchir avec elle les immenses plaines de l'espace.

Au milieu d'une grande p'ace sablée, le ballon balance, déjà gonflé, sa sphère puissante qui, tout à l'heure, vue d'en bas, semblera, suivant l'expression de Victor Hugo, «un ventre d'oiseau terrible. »

L'appareil à fournir l'hydrogène envoie ses dernières bouffées à l'intérieur de l'aérostat. Nous prenons place dans la nacelle.

« Lâchez tout ! »

Tout à coup la terre se met à fuir, avec une rapidité vertigineuse. Car il me paraît bien que nous restons immobiles et, qu'au-dessous de nous, c'est le sol qui s'en va, avec la ville, ses maisons, ses jardins, ses clochers, ses coupoles, emportés par une force invisible.

Le ciel était sombre et orageux. Le capitaine, néanmoins, avait voulu partir, nous assurant que nous ne courions aucun danger, et qu'une fois la région des nuages franchie, nous assisterions à un spectacle incomparable.

On jette du lest : à mesure que les sacs éparpillent leur sable, nous montons plus haut, plus haut toujours. La terre rapetisse à vue d'œil tous les détails, pendant que grandit le tableau embrassé par nos yeux.

Nous entrons, maintenant, dans un brouillard épais ; l'humidité nous pénètre, une atmosphère d'électricité nous enveloppe et nous fait vibrer d'une sensation bizarre, que ne saurait se figurer celui qui ne l'a point éprouvée.

Le lest tombe de nouveau et bientôt, dans notre ascension rapide, nous nous élevons bien au-delà de la région nébuleuse.

Maintenant, le soleil brille et nous échauffe. Le ciel pur et bleu sur nos têtes ; sous nos pieds, les nuages forment un voile épais.

Et la terre a disparu.

Nous flottons dans l'espace, comme un astre infiniment petit ; le brouillard, qui nous dissimule la vue de notre sol, nous isole si bien du reste du monde, que je me sens envahi par un sentiment jusqu'à ce jour inconnu : le sentiment de la solitude absolue ; de l'isolement de quelques êtres humains dans l'infini des régions interstellaires.

Nous montons encore et, à l'extrémité de la grande plaine nuageuse, voici quelque chose qui apparaît : c'est une petite tache verdâtre, qui s'allonge au loin. C'est la terre, que nous revoyons et que, pour ma part, je salue avec la joie des compagnons de Christophe Colomb, lorsqu'après la longue traversée de l'Atlantique, le rivage désiré de la première île américaine se montra enfin !

Au-dessous de nous, cependant, la masse sombre des nuées s'est illuminée soudain. Un éclair jaillit; un autre; un autre encore. C'est la bataille des éléments en fureur, qu'accompagnent comme une canonnade d'une violence inouïe, les roulements prolongés du tonnerre.

Et pendant que la pluie et la grêle inondent la terre; pendant que la foudre s'abat sur les monuments ou fracasse les arbres, nous assistons, comme des spectateurs logés aux avant-scènes du ciel bleu, à la tragédie que, pour nous seuls, représente la nature.

Le capitaine avait raison : ce spectacle est unique dans son genre et, à lui seul, vaut tous les plaisirs de l'ascension.

Le vent, cependant, nous emporte rapidement vers l'ouest. Bientôt, nous avons franchi l'espace que les nuages recouvrent. Voici, de nouveau, la terre au-dessous de nous.

Paris est bien loin : c'est la petite tache, qu'on entrevoit encore là-bas, bien loin, à l'est, vers la limite de l'horizon. Les villes, les champs, les bois, les fleuves, les chemins de fer courent, comme pour échapper à un ennemi qui les poursuit.

Le vent, devenu plus fort, nous chasse vers l'occident, avec une vitesse que l'oiseau le plus léger ne saurait égaler.

Nous ouvrons la soupape : le gaz s'échappe à torrents et le ballon descend, pour chercher une région moins balayée par les courants d'air.

Maintenant, une vaste plaine s'étend devant nous. Les villages s'agitent : avec nos longues vues, nous pouvons apercevoir les habitants qui sortent des maisons pour regarder notre bateau volant.

L'endroit est favorable à la descente. La soupape vide de plus en plus l'aréostat de l'air léger qui le faisait monter. La terre se rapproche : tout grandit à vue d'œil, comme ces arbres, qui, dans certaines féeries, sortent du sol et achèvent leur croissance en quelques instants.

Ainsi fait l'homme, dans tous les actes de son existence, dans toutes les sphères de la vie. Il commence par aspirer à l'infini, par chercher à s'élever au-dessus de ses semblables, au-dessus de lui-même.

Puis, parvenu à ce qu'il croyait devoir être le terme de ses désirs, il s'aperçoit que la supériorité tant rêvée est bien vide : il songe avec effroi l'immensité de son néant et renonçant à l'idéal, il redescend tristement vers la terre qui l'a engendré et à laquelle il appartient.

Mais toutes ces désillusions sont individuelles. La

masse n'en poursuit pas moins sa marche en avant et, malgré les défaillances partielles, monte toujours plus haut, vers la perfection qui est le but de l'humanité.

Attention. On jette l'ancre, qui s'accroche aux branches d'un ormeau. Voilà notre ballon captif.

Quelques minutes encore, et nous prenons terre, au milieu d'une foule de paysans, accourus des champs voisins, pour voir le monstre qui, dégonflé et emballé, prendra le train avec nous, à la gare voisine, afin de regagner la capitale.

Et je me figure l'étonnement de mes compatriotes de l'intérieur de la Chine, si tout à coup une immense machine de ce genre venait s'abattre dans leurs rizières.

C'est, du reste, ce qu'ils verront bientôt. Le temps n'est pas éloigné, où l'homme dirigera à volonté le navire aérien, qui, jusqu'ici, flotte encore, à la discrétion du vent.

Alors, une ère nouvelle aura commencé pour la terre.

Les peuples, en face de cet instrument merveilleux qui supprime les frontières et se rit des douaniers, se sentiront fraternellement unis. Dans cet avenir heureux, que la science aura créé, le globe tout entier ne contiendra plus qu'une seule famille, et, de l'orient à l'occident, célébrera la grande fête de l'humanité réconciliée.

A LA BOURSE

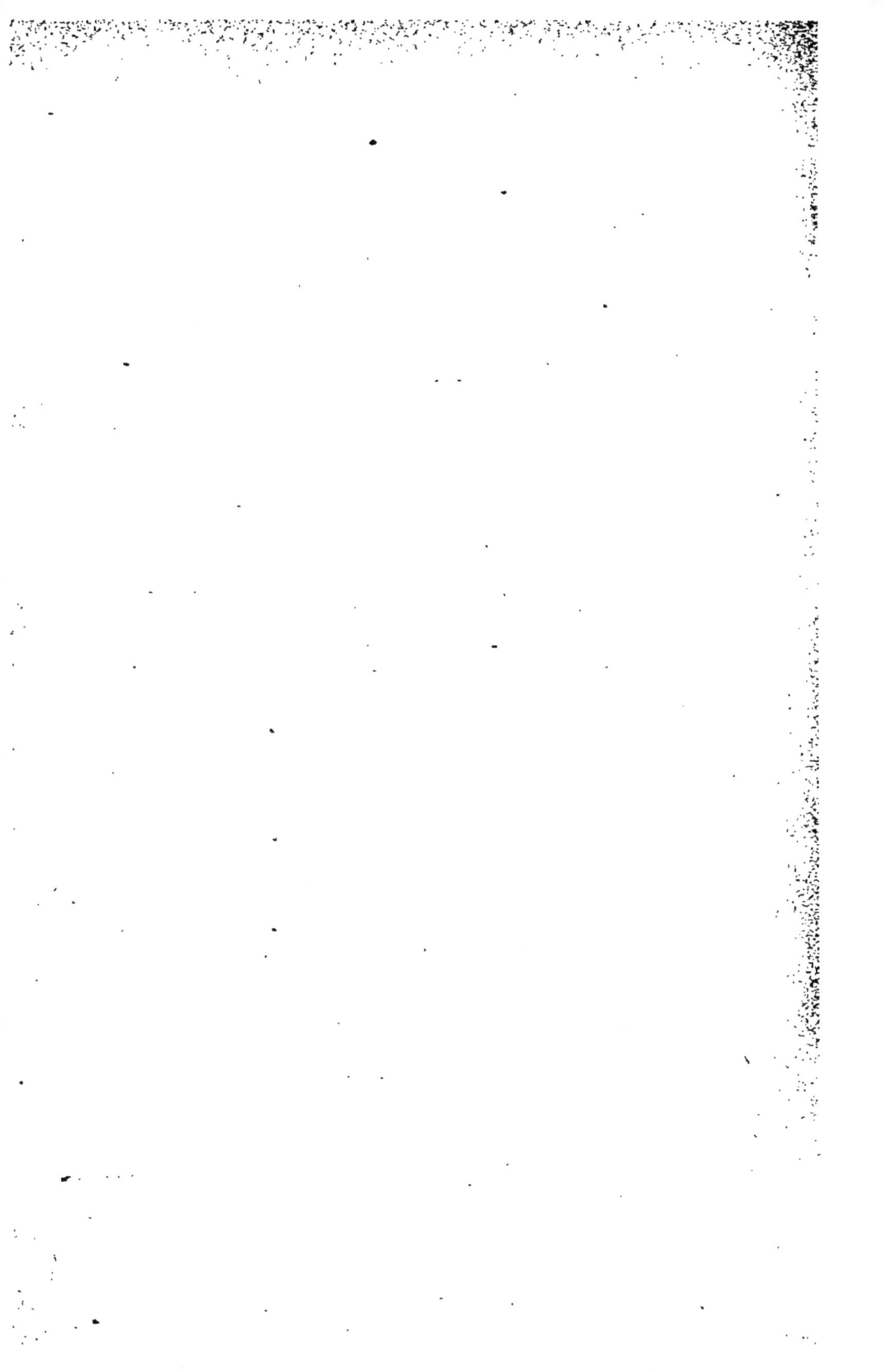

A LA BOURSE

Au milieu d'une grande place, qu'enveloppe une grille de fer aux portes nombreuses, se dresse une espèce de temple élevé, comme les anciens Grecs avaient l'habitude d'en consacrer à leurs divinités.

Un large escalier conduit au monument. Nous montons.

L'édifice proprement dit est entouré d'une large colonnade, où la foule se presse déjà. Foule singulièrement affairée, en proie à une excitation fébrile, se démenant avec une activité intense.

Des colonnades et de l'intérieur du temple, une rumeur confuse s'élance vers le ciel. Des appellations bizarres, des cris, des vociférations, mêlent leurs bruits et étourdissent l'oreille du visiteur qui n'a pas l'habitude de ce milieu tout particulier.

C'est la Bourse. C'est ici que l'on vend et que l'on achète les objets les plus divers, transformés pour la commodité des transactions, en papier de tous noms et de toutes couleurs.

A l'intérieur du palais se voit une espèce de cercle, dans lequel ne pénètre pas qui veut. C'est la *corbeille*, emplacement réservé aux agents de change, par les mains desquels la loi veut que toute vente passe, pour devenir définitive.

Il sont là, à leur poste ; la bataille est déjà engagée et si emportés sont leurs mouvements, si singuliers les mots qu'ils se jettent à la figure et dont je ne parviens pas à saisir le sens, que je m'attends, à chaque instant, à les voir en venir aux mains.

Mais il n'en est rien. C'est à grands cris et à coups de crayons hâtivement donnés sur un carnet, que ces lutteurs tentent, non pas la fortune des combats, mais les combats de la fortune.

Cela dure quelques heures. Puis, tout ce qui est à vendre est vendu, ou à peu près. Les acheteurs ont pris ce qu'ils voulaient prendre. Les hommes au carnet abandonnent l'enceinte sacrée, où il n'y a plus rien à faire et, le combat fini faute de combattants, rentrent chez eux pour terminer les opérations engagées et les inscrire sur leurs livres.

Au dehors, sous les colonnades, le mouvement est loin d'être achevé. La bataille continue furieusement, pendant quelque temps encore, dans la *coulisse*, sans doute ainsi nommée parce que les coulissiers ne sont pas admis à la corbeille, qui est le véritable théâtre, et sont réduits à guerroyer sous les colonnades extérieures.

Les coulissiers sont les ennemis jurés des agents de change, privilégiés dont ils ne peuvent se passer, en certains cas.

En pénétrant dans la Bourse, je croyais, assez naïvement, qu'on venait là pour échanger ses valeurs contre de l'argent et réciproquement. Cela est vrai, pour ce que l'on appelle les opérations au comptant, dans lesquelles l'un donne son papier, que l'autre paye avec ses fonds.

Mais c'est tout autre chose, dès qu'il s'agit de ce qui se nomme le marché à terme. Ici, des deux contractants, l'un vend les valeurs qu'il ne possède point et l'autre paye avec de l'argent qu'il n'a pas.

Quelque étrange qui puisse paraître cette définition, elle est exacte.

En effet, les opérations à terme consistent essentiellement à vendre des actions et obligations au cours du jour de la vente, mais pour les livrer seulement dans un délai déterminé ; durant l'intervalle, le papier baisse ou monte. S'il baisse, le vendeur gagne ; s'il monte, le vendeur perd : dans les deux cas, le gain ou la perte se compose de la différence entre le prix au jour de la vente, et la valeur au jour fixé pour la livraison.

C'est, comme on voit, un véritable jeu de hasard. Et, comme il n'est point de jeu de hasard sans gens habiles à corriger la fortune, il se produit souvent des hausses et des baisses amenées sans aucune raison sérieuse, par toutes sortes de moyens plus ou moins adroits.

J'ai reconnu là, notre jeu des Trente-Six bêtes, sous une autre forme et avec cette différence, que les bêtes sont plus de trente-six.

Les valeurs qui se négocient à la *corbeille* sont inscrites sur une liste, dite *cote de la Bourse*. Celles dont les agents de change ne veulent pas se charger, restent entre les mains des banquiers et sont portées sur une autre liste, dite *cote de la Banque*. On ne se figure pas aisément le nombre de milliards représentés par des bouts de papiers, qui sont quotidiennement l'objet du négoce. Chemins de fer, fonds d'État, canaux, mines, boucheries, restaurants, journaux, tout se vend et s'achète, sous forme de petites feuilles imprimées et illustrées de charmantes vignettes, aux dessins les plus diversement combinés.

Parmi tous ces titres, il en est un grand nombre qui ne sont l'objet que de négociations sérieuses, au comptant. D'autres, au contraire, spécialement affectionnés par la spéculation, donnent lieu à un jeu effréné. En un jour, en une heure, en une minute, la même valeur, se démenant comme une balance folle, monte, descend, hausse encore, baisse de nouveau, fait vingt fortunes, accumule cent ruines, sur cet effroyable champ de bataille de l'argent. Une fausse nouvelle, lancée par le télégraphe, propagée par la presse, ou colportée de bouche en bouche, déplace tout d'un coup des centaines de millions. Menaces de guerre, état des récoltes, décisions des pouvoirs constitués, grèves, élections tout agit sur la Bourse, fait subir au prix des fonds des variations aussi instantanées... et souvent aussi trompeuses que celles déterminées par la pression atmosphérique sur le vif-argent du baromètre.

A gauche du large escalier sont installés le télégraphe et le téléphone. Une salle spéciale es réservée à la téléphonie à grande distance, qui permet aux combattants de la finance de communiquer instantanément avec les grandes villes industrielles et commerciales de la France et de quelques pays limitrophes. Aux heures de bourse, il n'est pas facile de téléphoner, si grand est le nombre de ceux qui se pressent au bureau, afin d'utiliser, pour leur fortune ou leur ruine, le merveilleux instrument qui porte la parole au loin, avec la rapidité de la foudre.

Nous descendons. Pendant qu'aux portes de la grille les camelots crient les journaux, vos yeux se fixent sur un groupe singulier. Ce sont surtout de bonnes femmes d'un certain âge, munies de cabas; assises sur les pliants qu'elles ont apportés, ces spéculatrices attendent à la porte du temple, dont l'accès leur est interdit.

A côté, courent des hommes qui arrêtent les passants, pour leur proposer des valeurs sans valeur. Ce sont des titres de Compagnies défuntes, de Sociétés mises en faillite ou sur le point de l'être. Chose incroyable, il existe entre la grille et l'escalier, une coulisse de la coulisse, qui achète et vend ces non-valeurs, fait la hausse et la baisse sur ces morts de la bataille financière !

Si nous faisons le tour du monument, nous rencontrons d'abord quelques groupes, parmi lesquels des orateurs font, en plein air, la critique des événements politiques du jour. Puis nous nous trouvons au pied d'un escalier qui tourne le dos à celui par lequel nous venons de descendre.

Sous la colonnade et jusque sur les marches, sont établis les représentants de la presse financière : rédacteurs d'organes spéciaux, ou des bulletins financiers des journaux. Ils prennent là le mot d'ordre pour la campagne à ouvrir, décident contre quels fonds ils partiront en guerre ou quelle valeur ils recommanderont au lecteur, habitué à se guider dans ses achats et se ventes, d'après les conseils de son journal préféré.

La Bourse ne présente pas toujours le spectacle d'activité fiévreuse auquel nous venons d'assister. Lorsque, par suite d'une cause quelconque, les affaires dorment, il faut pourtant être là, comme un soldat qui ne quitte jamais son poste, alors même qu'il n'y a pas d'ennemi à combattre.

Alors, les esclaves de la Bourse charment leurs loisirs de mille manières. Au dehors, sous les colonnades, les braves gens jouent parfois à se lancer mutuellement leurs chapeaux en l'air : exercice de gymnastique très salutaire peut-être, mais qui n'est pas du goût de tous et qu'Aristote n'eût pas recommandé, au fameux chapitre des chapeaux.

A l'intérieur, on est plus grave, mais tout aussi enfant. On s'amuse à toutes sortes de tours d'adresse fort innocents; on exerce son talent sur de petits joujoux inventés par l'imagination inépuisable de la petite industrie parisienne : questions de tous genres ; casse-têtes divers.

Mais tout cela ne vaut que dans les moments de calme. Lorsque le marché est actif, le jour ne voit pas la fin du travail fiévreux des boursiers. Le soir, la *petite Bourse* réunit une seconde fois les joueurs, qui là, souvent, modifient les cours de la journée, réédifient ce qu'ils ont détruit ou renversent leurs constructions à peine échafaudées.

Et le lendemain, au matin, ces enfiévrés de l'or recommencent leur travail de Pénélope, se mettent de nouveau à l'œuvre, entraînés dans leur ronde infernale comme ces damnés que nous représentent les poètes mélancoliques du moyen âge.

A ce jeu, quelques-uns font fortune et ont la sagesse de se retirer de la bagarre et d'aller tranquillement vivre de leurs rentes. Mais je crois que ceux-là constituent de rares exceptions. La plupart se passionnent pour ce jeu absorbant : ils aiment ses péripéties terribles de hausse et de baisse ; ils aiment à friser l'abime chaque jour ; ils aiment les émotions par lesquelles les font passer la crainte de succomber et l'espoir de vaincre. Ces fanatiques vont, tant qu'ils peuvent aller ; et, si la fortune leur sourit, ils n'en restent pas moins sur la brèche jusqu'au dernier jour, heureux de vivre dans ce milieu surexcité, dans cette mêlée où

ils se sont jetés d'abord pour chercher la richesse et
dont les hasards, les déceptions, les coups heureux,
les alternatives de succès et de revers sont devenus
pour eux un besoin irrésistible.

DANS LE TRAIN

DANS LE TRAIN

———

Dans la gare bruyante, éclairée par les flots de lumière des lampes électriques, c'est une agitation folle de gens allant, courant, les uns en sens inverse des autres, se croisant, se coudoyant, pressés, affairés, dans la peur de manquer le train.

Le rapide va partir pour Marseille. Les voitures de deuxième classe sont véritablement prises d'assaut : c'est le combat pour la vie, sous une autre forme.

Nous voici installés dans un bon coupé. Un coup de sifflet, quelques expirations rauques de la locomotive et la lourde file de voitures s'ébranle. En route, vers le Midi, vers le pays de la mer bleue et du soleil, des navires et de la bouillabaisse, du savon et des moustiques.

Nous partons le soir. Nous serons arrivés demain matin, pour déjeûner.

Et dire, qu'il y a cinquante ans à peine, il fallait près de deux mois pour franchir la même distance ! Deux longs mois d'ennui, avec tous les hasards, tous les désagréments et tous les dangers de la diligence, dont la génération actuelle connait à peine le nom ! Sans compter qu'il était prudent et raisonnable de bien arranger ses affaires et de faire son testament, avant de partir pour un si long voyage. C'est dans ce temps-là que le monde n'était pas « dans le train ».

Comparant la vie fiévreuse d'aujourd'hui aux lenteurs de l'existence de jadis, je me demandais si tout cela était bien vrai. Si réellement l'humanité avait pu vivre ainsi, se trainant péniblement sur les routes, cahotée aux ornières du chemin.

Et voilà à quoi je songeais — car que faire en un train, à moins que l'on n'y songe — pendant que, lancés à toute vapeur, nous franchissions les premiers kilomètres de la voie ferrée.

Et je revoyais, dans ma pensée, l'Orient lointain où je suis né, où j'ai vécu pendant de longues années sans avoir même idée de ces merveilles, produites par un peu d'eau changée en vapeur.

Là-bas, la vie a conservé encore son caractère primitif, sa lenteur patriarcale. Les braves gens y passent leurs jours tout doucement, au milieu de leurs champs ou dans leur petit atelier. La fièvre de vivre, qui brûle l'Europe, ne les agite pas encore.

Bientôt, l'inflexible ligne de fer va allonger, chez eux aussi, ses rubans parallèles. Le monstre qui vomit le feu et la fumée, y dévorera l'espace, troublant les nuits jusqu'alors paisibles des hurlements de sa cheminée, des cris aigus de son sifflet ; emportant avec lui dans le tourbillon soulevé par sa marche, les habitudes séculaires de notre société antique.

Car le chemin de fer n'est pas, ne peut pas demeurer un fait isolé. Il est toute une révolution économique. Il a des exigences impérieuses, qui entraînent des conséquences multiples.

Il lui faut un personnel nombreux, spécialement exercé et dressé ; des ateliers gigantesques, des usines immenses, des mines de fer et de charbon exploitées sur un pied colossal ; en un mot, partout où il va, il apporte dans son panache de fumée, la grande industrie, avec toutes ses qualités et ses défauts : production rapide et régulière, circulation énormément augmentée, surmenage, suppression des petites industries artistiques, création du prolétariat moderne.

Certes, l'on voudrait bien n'accepter que les bienfaits de l'invention et en repousser les vices : impossible ! Les uns sont inhérents aux autres.

Quand on veut être dans le train, il faut y être tout à fait, et en tout ! Il faut prendre le mal avec le bien, se dire que le progrès fait des heureux, mais aussi des victimes.

Mais, assez d'économie politique ! La philosophie

qui s'en dégage, n'est pas toujours couleur de rose. Regardons plutôt ceux qui nous entourent, les compagnons de route que le hasard nous a envoyés.

En face de moi, un gros monsieur lit son journal, il lit un peu lourdement, d'un air fatigué et somnolent; ses yeux, déjà, se ferment à demi et nous présagent qu'il dormira bientôt du sommeil du juste.

Plus loin, sur notre banquette, deux Anglaises, la mère et la fille, l'une toute fanée, l'autre, avec ce teint éclatant et cette peau transparente qui fait le charme des filles d'Albion. Beauté du diable, il est vrai, qui dure ce que durent les roses : mais le diable, il faut le reconnaitre, est quelquefois bien attrayant.

Là-bas, la gauche de la banquette est occupée par un couple, qui ne se soucie guère de ses voisins et, sûrement ne fait pas de réflexions sur les chemins de fer et la grande industrie.

C'est une lune de miel, en partance pour l'Italie. Jeunes, beau garçon, belle fille, ils n'ont d'yeux que pour eux-mêmes, ne pensent qu'à eux-mêmes.

Et ils font bien : du livre de la vie, ils lisent la plus belle page! Fi du monde et des hommes! Qu'importe tout cela à ceux qui célèbrent la charmante fête, sitôt passée, de la jeunesse et de l'amour. Aussi, les Grecs et leurs prédécesseurs, les Indous, furent-ils bien inspirés, en faisant, les uns d'Éros, les autres de Kâma, le plus puissant des dieux. Il en est, sûrement, le plus absolu. Il veut régner seul, absorber tout l'être et n'admet pas d'influence rivale à côté de la sienne.

Cependant, la nuit est devenue profonde. Enfoncés en pleine campagne, perdus dans le noir qui nous enveloppe, nous ne voyons plus rien du monde extérieur. De temps en temps, une lueur — quelque lanterne ou la fenêtre d'une maison isolée — passe devant nous, avec une rapidité fantastique.

Bercés par le roulement cadencé du train, mes voisins perdent tous le sentiment de la réalité et s'endorment; à commencer par le gros monsieur d'en face, dont les ronflements coupent, à intervalles réguliers, le bruit des roues qui développent leur cercle sur les rails. Et j'envie ces heureux du monde, qui peuvent dormir en chemin de fer.

Moi, qui me sais condamné à passer une nuit à peu près blanche, je me suis arrangé de façon à m'ennuyer le moins possible. Muni d'un bon livre, je puis braver la solitude, ou, pour être plus exact, l'isolement au milieu de mes semblables, emportés au pays des rêves.

Je me plonge dans la lecture du *Compagnon du Tour de France*, et, bientôt, je perds à mon tour le sentiment de ce qui m'environne. Je compare les héros de mon livre aux peintures plus récentes de *Germinal*; et je ne puis m'empêcher de constater qu'il y a tout un monde entre l'œuvre de George Sand et celle de Zola. Comme les temps sont changés. Faut-il que les années aient assez puissamment agi sur la pensée d'un peuple, pour que de cet idéalisme nous soyons arrivés à une telle réalité! Il y a un abîme entre la spéculation un peu vague de l'une et les faits brutalement exposés de l'autre. L'abîme qui sépare deux sociétés, dans lesquelles tout diffère : la morale et la politique, les choses et les gens, le milieu et la conception de l'avenir.

Et, pourtant, l'homme est toujours le même. Seuls, les événements se modifient et nous traînent à leur suite. Le monde, n'est certes pas plus mauvais qu'autrefois. Il y a même lieu de croire le contraire. Et l'homme, de son côté, serait-il devenu plus méchant?

Rien n'autorise une semblable affirmation. On ne commet pas, aujourd'hui, plus de crimes que jadis : on les commet autrement, voilà tout. Il y a cinquante ans, on détroussait les diligences : aujourd'hui, on vous assassine en chemin de fer. C'est une nouvelle mode, introduite par ce fait, que le chemin de fer s'est substitué aux diligences.

Instinctivement, l'ordre de pensées auquel m'a conduit ma rêverie, me fait lever les yeux vers le bouton du signal d'alarme. Je regarde l'inscription en trois langues, qui explique aux voyageurs la manière de s'en servir et l'inconvénient qu'il y aurait à en user sans qu'il y ait nécessité absolue, comme le prescrivent, les lois, ordonnances, arrêtés, règlements, etc.

Ceci me rappelle qu'en Angleterre, lorsque l'on introduisit les boutons d'appel en cas de danger, l'amende qui frappait ceux qui faisaient arrêter la locomotive sans raison sérieuse, était très faible. Il se passa, alors, quelque chose d'assez amusant.

Des voyageurs qui avaient intérêt à descendre entre deux stations, tiraient le signal d'alarme, et, le train arrêté, payaient l'amende et s'en allaient, joyeux, à leurs affaires ; les administrateurs furent obligés d'aggraver extraordinairement les pénalités, pour mettre fin à un abus qui transformait le terrible bouton d'appel en simple cordon d'arrêt du conducteur d'omnibus.

L'aube, cependant, venait doucement et commençait à éclairer d'une lueur vague le paysage, qui s'enfuyait, à peine entrevu. Le voyageur, dans cette course rapide, perd les charmantes visions que lui fournissaient les moyens de transport plus lents des temps passés.

En revanche, il est plus facile maintenant, grâce au « coche humanitaire », de se rendre compte de l'aspect général d'un pays, se déroulant sous vos yeux en quelques heures, avec ses montagnes et ses rivières, ses plaines cultivées et ses villes populeuses.

Dans un avenir prochain, la machine qui semble vouloir annihiler les distances, nous permettra aussi, dans notre Orient lointain, de prendre ainsi des vues instantanées de notre pays. Nous verrons alors défiler devant nous la Chine, avec ses villages bas et ses pagodes élevées, ses fleuves gigantesques, ses terres coupées de mille canaux et ses habitants innombrables, les centaines de millions d'hommes que le trait d'union du chemin de fer mettra en rapport de chaque jour avec leurs frères de la terre d'Europe, jadis inconnue.

LES GRANDS MAGASINS

LES GRANDS MAGASINS

A mon arrivée en Europe, j'avais été frappé de voir que le commerce et l'industrie y étaient organisés tout autrement qu'en Chine.

Mines, usines, forges, chantiers, chemins de fer, filatures, tissages, fabriques de toutes sortes : tout cela est gigantesque en Europe. Une usine est une ville, qu'anime tout un peuple d'ouvriers.

Jamais je n'avais rien vu de tel, dans notre vieille Chine, où la grande industrie n'existe pas. Chez nous, pas de ces énormes constructions où des milliers d'hommes se démènent, ou plutôt, sont menés, avec la régularité automatique d'une machine aux bras innombrables ; pas beaucoup de mécanique non plus, et par suite, pas de division du travail, ni d'uniformité dans les objets à fabriquer.

Notre industrie, pratiquée en tout petit, par chaque famille, est privée des puissantes ressources de la science européenne. En revanche, elle est plus libre dans ses mouvements, et ses produits, jamais identiques, ont un caractère bien net d'inspiration individuelle.

De même, notre commerce se fait encore en petit, à la vieille manière. Chacun vend sa spécialité, l'article qu'il connaît le mieux.

Jugez quelle fut ma surprise, lorsqu'on me parla de ces grands magasins de Paris, où l'on peut, en quelques instants, se fournir non seulement de tous les objets nécessaires pour se vêtir des pieds à la tête, mais encore de l'ameublement complet et de tous les ustensiles indispensables à la commodité et au luxe de l'intérieur domestique.

Un beau jour, j'allai, avec un de mes amis, visiter une de ces espèces de réductions de l'Exposition universelle.

Sur la chaussée, s'aligne une file interminable de voitures, qui ont amené là d'élégantes visiteuses. A la porte, grande ouverte, il m'est difficile de me frayer un passage, tant est pressée la foule qui se hâte pour entrer ou sortir.

Je réussis, enfin, à pénétrer dans l'immense édifice.

Ce que je vis là, c'était, en effet une Exposition en miniature. Tout ce que l'imagination peut rêver y était accumulé dans un ordre parfait ; depuis les fils de fabrique française, jusqu'aux tapis turcs et aux nattes chinoises ; depuis le verre de Clichy jusqu'à la glace de Venise. Linge, vêtements, fouets, meubles, bijoux, livres, literie ; que sais-je encore ? L'œil, au premier abord, ne sait où se fixer, sur quel objet porter son attention.

Nous nous dirigeâmes vers le rayon de la soierie, où je voyais briller une immense broderie chinoise.

J'oubliais de vous dire que mon guide avait amené avec lui son fils, âgé de six à sept ans, qui paraissait se trouver là comme chez lui et ne partageait en rien mon étonnement.

L'enfant, sur notre passage, avisa un employé de la maison, immobile et qui semblait regarder toute cette foule, pour voir si tout se passait dans l'ordre voulu.

— Je suis sûr que vous voulez savoir s'il y a encore des ballons, fit l'employé, en souriant.

Le jeune garçon ne dit rien : mais ses yeux parlaient pour lui.

Son interlocuteur disparut et revint aussitôt avec un superbe ballon en baudruche, sur lequel se pavanait un oiseau au plumage éclatant. Notre petit ami prit son ballon et nous poursuivîmes notre marche.

« Est-ce qu'on paye à la sortie ? fis-je, étonné.

— C'est à cause du ballon que vous m'adressez cette question, je le vois bien ! Nous ne le payerons pas. C'est un cadeau que la maison offre à ses visiteurs ; autrement dit, c'est une réclame.

— Et qu'est-ce qu'une réclame?

— C'est, d'une manière générale, tout moyen bon à attirer l'acheteur. La réclame opère du reste, de mille façons : par affiches, annonces, envoi de catalogues, cadeaux et demi-cadeaux.

— Demi-cadeaux?

— Oui, demi-cadeaux. Tenez : voici, par exemple une pièce de soie : elle coûte quatre francs le mètre à la maison, qui vous revend le mètre pour un franc. Tranquillisez-vous du reste : le magasin n'y perd rien. Ce qu'il vous donne de la main gauche, il saura bien vous le reprendre de la main droite. C'est grâce à ces avantages réels sur un article, que vous vous laissez entraîner à en acheter cinquante autres, sur lesquels le vendeur regagne cent fois ce qu'il vous a donné.

Je trouvai cela très ingénieux. Mais un point me rendait perplexe.

— Si l'on vous donne des ballons, que font les gens qui en vendaient?

— Ils n'en vendent plus et font ce qu'ils peuvent. Autrefois, on en rencontrait par dizaines dans les rues de Paris. Aujourd'hui, il n'y en a plus. C'est un métier tué. Il reste quelques gros fabricants, qui fournissent aux grands magasins la matière première de leurs attrayants cadeaux.

Malgré moi je ne pus m'empêcher de plaindre les pauvres gens dont toute l'industrie se trouvait ruinée par cette agréable innovation.

— Vous avez raison, reprit mon compagnon d'excursion. Mais nous n'y pouvons rien. Remarquez, d'ailleurs, que le cas dont nous venons de parler n'est pas isolé. Le grand commerce détruit le petit, non seulement par ce qu'il donne, mais encore par ce qu'il vend. Disposant de gros capitaux il achète par grandes quantités, paye moins cher et peut revendre à un bon marché tel que, pour les petits la concurrence devient impossible.

— J'ai vu de gros arbres, au feuillage si touffu, qu'à leur ombre aucune plante ne pouvait pousser. Tout étouffait, faute de sucs nourriciers, d'air et de soleil.

— C'est exactement un fait de même ordre. Les grands magasins ont mangé les petits. A un moment donné, nous en voyions sombrer des centaines à la fois. Et ce n'est pas fini. Ceux qui ont résisté jusqu'ici sont bien entamés. Encore cette absorption n'est-elle pas arrivée à son maximum. Peu à peu, tous les genres de commerce qui sont encore indépendants viendront s'engouffrer dans ces immenses établissements. La lutte se portera, tour à tour, sur tous les articles qu'elle n'a pu atteindre jusqu'ici. Et, nous verrons partout même résultat : les faibles dévorés par les forts.

— Mais, alors, c'est la ruine de la plus grande partie des petits commerçants que vous prévoyez.

— Non. C'est leur ruine à tous : ruine inévitable, et qui n'est plus qu'une question de temps.

— Et, ne pouvez-vous rien faire pour empêcher ces désastres.

— Absolument rien. Le public va fatalement au bon marché et crée lui-même les ruines qu'il déplore. Prenez, par exemple, un commerçant quelconque, qui se plaint, pour sa partie, de la concurrence des grands magasins. Vous l'y verrez courir tout le premier, pour y acheter ce qu'il ne vend pas lui-même, à meilleur prix que dans une petite boutique. Le bon petit commerce d'autrefois a fait son temps. Il est condamné à mort, comme la petite industrie, comme les petits peuples qui deviennent nécessairement la proie de leurs puissants voisins.

— Savez-vous que ce tableau n'est pas consolant pour l'avenir des masses, en Europe. Que deviendront ces milliers de faibles ruinés par les forts?

— Je n'en sais rien. L'avenir lointain nous est caché par des voiles que personne ne peut soulever. Quant au présent, il est sous nos yeux et rien de plus facile que de s'en rendre compte. Ce que je viens de vous montrer n'est pas autre chose, d'ailleurs, que l'application au commerce de principes établis par un grand savant anglais, Ch. Darwin, pour tous les êtres créés par la nature. En tout et partout, les mieux organisés détruisent ceux qui sont moins favorablement doués. Une hirondelle gobe des milliers de mouches; un brochet digère des milliers de goujons, et un grand magasin avale des milliers de petits commerces. C'est la loi de nature, à laquelle, tôt ou tard, rien n'échappe. Vous, en Chine, vous en êtes préservés jusqu'à ce jour: mais votre tour viendra.

— En attendant, heureux le pays de Confucius, de ne connaître encore, ni combat pour la vie, ni faibles mangés par les forts, ni grosse industrie, ni grands magasins!

AU GRAND PRIX

AU GRAND-PRIX

— Voulez-vous vous amuser aujourd'hui et goûter d'un spectacle tout nouveau pour vos yeux d'Oriental? me demanda l'ami qui avait bien voulu m'aider à me retrouver dans les détours du labyrinthe parisien.

— Je ne demande pas mieux.

— Alors, je vous emmène aux courses. C'est le Grand-Prix, aujourd'hui. Je vous promets observations nombreuses et séance des plus intéressantes.

Nous voilà partis, en route pour le Bois-de-Boulogne.

Chemin faisant, mon ami m'explique rapidement ce qu'on entend par courses. Un certain nombre de chevaux, appartenant à un certain nombre de particuliers, courent à qui arrivera le plus vite à un but déterminé d'avance. Les courses sont plates, lorsque les chevaux ne rencontrent devant eux qu'une route, appelée *piste*, dépourvue de tout accident de terrain. Elles sont à obstacles, lorsque les bêtes ont à sauter des haies, à franchir des fossés : barrages artificiels, par lesquels la main de l'homme complique l'effort à faire.

— Et à quoi servent ces courses? Car, enfin, je suppose bien que votre public, si intelligent, ne va pas se déranger à tout moment, pour voir si de dix chevaux engagés, l'un courra plus vite que l'autre. Il est évident que ce résultat se produit toujours et, à la longue, ce spectacle, invariablement le même, finirait par devenir plus fastidieux que nos combats de grillons.

— Elles ne servent à rien, répliqua mon interlocuteur. C'est une institution que nous avons importée d'Angleterre. Nous ne nous amusions plus assez. Alors nous avons été chercher de l'autre côté de la Manche des chevaux à la poitrine aplatie et aux jambes qui n'en finissent pas; des jockeys de toutes les bigarrures; puis un tas d'expressions bizarres que chacun est fier de prononcer : turf, starter, handicap, etc., etc. J'oubliais de vous dire que, dans les premiers temps, on nous parlait beaucoup de l'amélioration que les courses allaient introduire dans la race chevaline.

— Cela me semble assez logique, interrompis-je.

— Et voilà où vous vous trompez, comme un simple

Européen, reprit mon ami. Les chevaux n'ont pas été améliorés du tout : au contraire, on les a abîmés.

Pour les courses, en effet, il s'agit, avant tout, d'avoir des chevaux qui puissent soutenir, pendant quelques minutes au plus, la plus grande rapidité possible. On s'appliqua donc à débarrasser ces pauvres animaux de toutes leurs qualités possibles : fond, résistance, vigueur soutenue. Nous sommes arrivés ainsi, à créer une race particulière, celle des chevaux de courses. Figurez-vous une planche bien plate, montée sur quatre perches minces et surmontée, en avant, d'une gaule flexible. Voilà le cheval de course, réduit à sa plus simple expression : un des monstres les plus joliment réussis, par lesquels les éleveurs du dix-neuvième siècle ont confirmé les théories de Darwin sur la sélection.

— Alors, que va-t-on chercher aux courses?

— Une occasion de tuer le temps et de parier.

— De parier?

— Oui, de parier. Avant chaque course, il s'établit une espèce de jugement provisoire de la valeur respective des chevaux. Ça s'appelle la cote. Chacun parie sur le cheval qu'il espère devoir gagner, et la mise nécessaire pour gagner un louis est plus ou moins forte, suivant que le cheval choisi a plus ou moins de chance d'arriver premier.

— Et qui vous dit qu'un cheval a telle ou telle chance de vaincre?

— Son origine, — car il y a un livre de noblesse pour les chevaux de course, — son aspect extérieur;

les résultats qu'il a obtenus à des courses antérieures; enfin, le jockey qui doit le monter : autant de points à combiner, pour arriver à se faire une opinion.

— Dans ces conditions, je vois que l'on peut prévoir, presque à coup sûr, si tel cheval arrivera premier.

— Et vous vous trompez encore, naïf Oriental que vous êtes. A côté de ces données connues interviennent de nombreuses inconnues, qui dérangent les meilleurs calculs.

Ainsi, le propriétaire d'un cheval favori, sur lequel des milliers de gens ont mis leur argent, parie contre sa bête; et il arrive que le cavalier retient l'animal assez pour perdre...

— Et gagner tout l'argent mis sur le cheval.

— Vous l'avez dit. C'est la course à qui perd gagne. D'autres fois, c'est un jockey qui a de bonnes raisons pour ne pas vouloir gagner; ou pour empêcher le cheval favori d'arriver.

— Il est avec le turf des accommodements!

— Mais oui! Je dois ajouter, cependant, que pour le Grand-Prix, cela se passe autrement. Les chevaux qui peuvent gagner sont en petit nombre et les paris se groupent sur deux ou trois favoris, dont l'un sera nécessairement le vainqueur. Si vous perdez votre argent, du moins vous savez pourquoi...

Nous étions presque arrivés. Sur la route poudreuse, voitures, chars à bancs, cavaliers, vélocemen, piétons, se pressaient vers le champ de courses; encore quelques pas et nous voici au pied des tribunes.

Devant nous, la piste. Ici, l'enceinte du pesage,

réservée aux élégants et aux amateurs de premier choix. Là-bas, la pelouse où la foule se presse, devant les bookmakers qui, impassibles, encaissent l'or et distribuent de petites cartes, portant le nom du cheval par vous choisi et la somme engagée.

Je n'étais pas sans avoir vu quelque chose d'analogue, en Chine, où j'avais assisté comme tout le monde, pour savoir comment cela se passait, à un combat de grillons. J'avais vu, là aussi, des paris s'engager, quoique sur une bien moindre échelle, mais tout aussi follement. Peu importe, d'ailleurs, le montant de la somme risquée : la frénésie du jeu, la folle passion du hasard, est toujours la même.

Du moins, ces jeux, en Chine, se bornent à un monde assez bas placé, dans l'échelle sociale. Les lettrés croiraient déchoir s'ils s'y livraient autrement que par accident, un jour de fête, comme tout le monde va, ici, aux foires, faire tourner la roulette pour gagner des macarons.

En Europe, au contraire, cette passion des courses a fini par englober toutes les classes de la société, et devient fréquemment fatale à la fortune des nombreux habitués du turf.

— Prenez un cheval, me dit mon ami. Quand on veut connaître les choses, il faut les mettre en pratique. Tenez, poursuivit-il : voilà les trois chevaux qui ont le plus de chances ; mettez sur un de ceux-là.

— Ma foi, non ! repris-je. Hasard pour hasard, autant parier pour un cheval moins favorisé. En voilà un, qui est à deux cent cinquante contre un. Je prends *Grand Paresseux*

« — C'est vouloir perdre. En toute autre occasion je vous donnerais raison. Mais, pour le Grand Prix, je vous le répète, on connaît d'avance les gagnants possibles. Vous avez le choix entre *Fille-du-ciel*, *Parfait II* et *Notre-Dame*.

— J'aime mieux *Grand Paresseux*. Faut-il que je vous le dise? Votre hasard limité me déplaît. Je préfère prendre le plus mauvais cheval, ne fût-ce que pour ne pas faire comme tout le monde. »

Dans les tribunes, c'est un miroitement de toilettes aux couleurs printanières. La foule bourdonnante attend, avec une fiévreuse impatience, la sortie des chevaux. Les voici enfin. Montés par des jockeys aux livrées de toutes couleurs, ils prennent un petit galop et s'arrêtent à la limite désignée.

Un monsieur à l'air vénérable abaisse un petit drapeau. La cavalcade s'ébranle d'un seul mouvement et fuit avec une rapidité vertigineuse. Lorgnettes braquées, têtes anxieusement penchées; exclamations émues, qui accompagnent chaque péripétie de la course.

Et, pendant que la poussière s'élève sous les pieds du petit escadron, je me sens gagner, moi aussi, par l'émotion des autres. Cette émotion, je la connais: ce n'est, ni une affection particulière pour *Fille-du-ciel* ou *Parfait II*, ni une passion effrénée pour l'amélioration de la race chevaline, qui fait battre tant de cœurs. C'est le jeu, le jeu de hasard sous sa forme la plus brutale: le pari, qui a pris possession de nous tous et dont le démon nous emporte le long de la piste.

Fille-du-Ciel! crient des milliers de voix. Je vois la bête écumante arriver sur nous : je la crois déjà victorieuse, quand tout d'un coup, de la masse des distancés, un cheval se détache. En quelques bonds énormes, il a rejoint le concurrent, qui, jusqu'alors était sûr d'arriver premier. Il l'atteint, le devance d'un galop furieux et passe comme la foudre devant le poteau, qui marque le but et la victoire.

C'est *Grand Paresseux*, qui vient de battre tous ses rivaux, de confondre les calculs les mieux établis. Je me sens quelque peu exalté : j'ai gagné deux cent cinquante fois ma mise et je regarde, non sans ironie, mon ami, qui n'en revient pas.

— Vous me disiez pourtant que jamais, de mémoire de *Grand Prix*... — Ne m'en parlez pas! Je n'y comprends plus rien. Un cheval à 250 contre un. C'est à désespérer de tout. Enfin, allons toucher votre argent.

Nous partîmes triomphants, traversant les rangs piteux des décavés, très nombreux ce jour-là. Mon aimable guide ne pouvait se consoler de voir ses plus belles hypothèses démenties par le fait inattendu, incontestable.

— Allons! fis-je en riant! Avouez que, sous prétexte de courses, vous m'avez montré tout simplement, le jeu des Trente-six Bêtes.

— Il n'y a qu'une bête dans l'affaire, répondit-il rageusement : c'est le public, dont j'ai l'honneur de faire partie. Mais on ne m'y reprendra plus. Je veux être pendu, si je retourne aux courses!

LA PRESSE

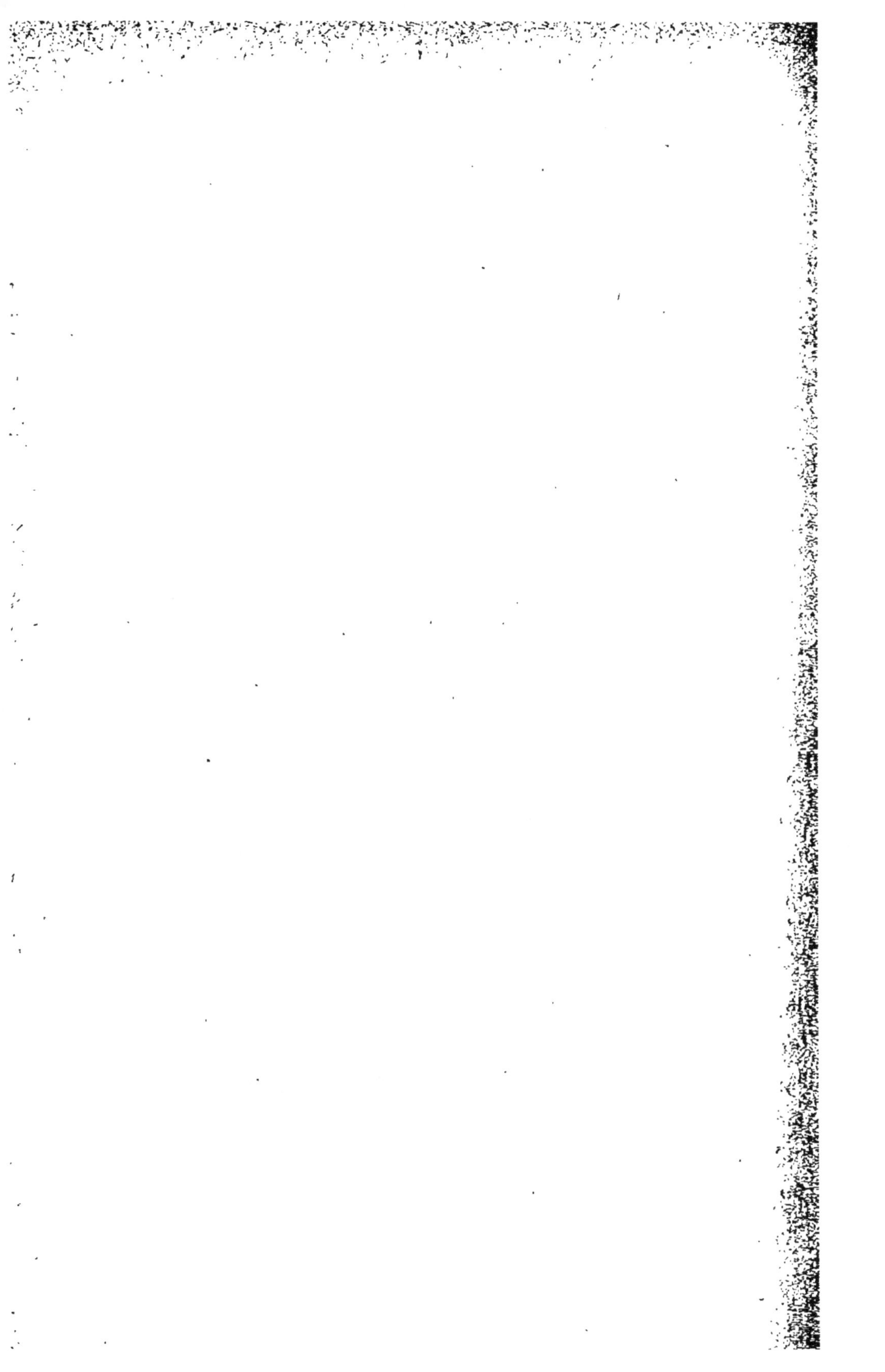

LA PRESSE

Je ne connaissais encore la presse européenne que par la lecture de quelques journaux, lorsque mon ami me proposa de visiter un des établissements où l'industrie moderne met au jour ces puissants moteurs de l'opinion publique.

Venez, me dit-il. Il faut que vous assistiez à la genèse d'un numéro de journal ; que vous voyiez comment fonctionne, dans ses organes intérieurs, cette puissance née d'hier et qui, aujourd'hui, gouverne réellement notre monde européen.

Nous nous arrêtons, dans une rue de largeur moyenne, devant un immense édifice, qui ressemble à un palais plutôt qu'à une usine, et qu'on prendrait pour l'habitation d'un millionnaire, n'étaient d'immenses rouleaux de papier blanc qui, debout sur le trottoir, attendent que l'atelier les absorbe, pour les rendre sous forme de feuilles imprimées, découpées et pliées.

— Regardez tout ce papier, fit mon guide. C'est la pitance quotidienne de la feuille que vous allez voir imprimer. Le nombre des rouleaux vous indique un tirage d'environ deux cent mille exemplaires.

— Deux cent mille !

— Oh ! n'allez pas croire que ce soit là le maximum. Je pourrais vous en montrer, qui dépassent le million. Si je vous ai amené ici, c'est que j'ai des amis dans la maison et qu'il vous sera plus facile de tout voir et de tout comprendre.

Nous gravissons les marches d'un large escalier. Je suis tout étonné de n'y rencontrer que fort peu de personnes, moi qui m'attendais à trouver là tout le mouvement inséparable de la fiévreuse activité d'une grande feuille.

— Patientez un peu, fit mon ami. Les rédacteurs, à cette heure, sont tous à leur poste.

— Et le personnel de l'imprimerie ?

— Il fait usage d'un autre escalier, débouchant sur un des côtés de la maison. De cette manière, chacun est chez soi et l'on évite l'encombrement.

Nous entrons. Un garçon, à l'uniforme du journal, nous mène jusqu'à une porte, sur laquelle on lit ces mots: « Cabinet du Rédacteur en chef ».

Les présentations faites, et le but de ma visite exposé; nous commençons notre exploration.

Voici, d'abord, une vaste salle : la majeure partie en est occupée par une table immense, dont le bois disparaît sous les journaux amoncelés. Tout autour, une douzaine d'hommes de tout âge, sont assis, lisant, prenant des notes, écrivant. Notre entrée ne leur fait pas lever la tête; ils sont bien trop pressés, pour perdre une seconde.

— Voyez-vous ce jeune homme brun, monocle à l'œil ? C'est le chef du reportage. Très actif, très adroit, ayant ses entrées partout et sachant se les procurer, quand il ne les a pas. Un seul défaut : lorsque les renseignements lui manquent, il se livre quelquefois à la production du canard...

— Du canard ?

— Vous n'y êtes pas. Le canard n'est pas l'oiseau savoureux que vous connaissez : c'est un volatile d'un genre tout spécial, qui naît dans quelques journaux à court de nouvelles. Pour intéresser le lecteur, on fabrique alors une bonne histoire à sensation, qui prend son vol par le monde : c'est le canard en question.

— Alors, je sais ce que c'est. Il y a peu de temps, une feuille très sérieuse pourtant, m'a servi de ce gibier. Vous savez que la *Gazette officielle* de Pékin est rédigée sous l'inspiration directe du gouvernement; ses rédacteurs se bornent à reproduire ce qu'on leur communique et, par conséquent, ne sont d'aucune façon responsables. Vous figurez-vous ma stupéfaction, lorsque je vois dans un grand journal que, depuis l'origine de notre *Gazette*, deux cents de ses rédacteurs avaient été décapités ? J'étais indigné ! Comment peut-on publier de pareilles faussetés ?

— Bah ! Ce sont de petits détails, auxquels nous n'attachons pas trop d'importance. La rectification finit toujours par arriver : la vérité reprend ses droits; l'inventeur du canard n'est pas décapité, lui non plus, mais se voit laver la tête de façon magistrale. Mais tenez, voici de quoi vous intéresser : Regardez ce gros homme, à figure si grave et dont chaque geste montre quelle importance il attache à ce qu'il fait. Comme il parait pénétré de la grandeur de sa tâche ! Que pensez-vous qu'il fasse ?

— C'est sans doute la forte tête politique de l'endroit ?

— Vous gelez. C'est le rédacteur de l'article « La Mode du Jour ». Il est en train d'apprendre au public féminin comment on devra s'habiller cet été.

— Et celui-ci, qui, armé de gigantesques ciseaux, taille et découpe avec acharnement ?

— Il fait la cuisine.

La cuisine ! Je ne comprenais pas très bien, mais de crainte de paraître ridicule, je n'osai demander d'autres éclaircissements.

— Et son voisin, cet élégant, qui frise sa moustache?

— Il fait le Cabinet.

Il me sembla que je rougissais. Mon ami ne me laissa pas le temps de l'interroger et continua :

— Tenez, là-bas, de l'autre côté de la table, vous

voyez ce vieillard : il fait le Salon. Il est, en ce moment, dans son coup de feu. Mais il vous intéressera moins que cet autre personnage, qui n'a pas son pareil à Paris, pour faire les Chambres.

— La cuisine! le cabinet! les chambres! le salon! Je ne savais ce que tous ces détails de ménage venaient faire dans un journal; je commençais à croire que mon ami se moquait de moi, lorsqu'il ajouta, en me désignant un grand gaillard qui venait d'entrer comme un coup de vent :

— Ah! voilà le titulaire du rez-de-chaussée. En retard, comme d'habitude. Il fait manquer le départ une ou deux fois par mois. Mais, que voulez-vous faire ? Il est indispensable et il le sait bien. Il n'y a que lui pour passionner le public et le tenir haletant.

Décidément je n'y étais pas. Je regardai mon *cicerone* d'un air si ébahi, qu'il se mit à rire de bon cœur.

— Je vous demande pardon, dit-il, mais je ne l'ai pas fait exprès et les mots ne sont pas de moi, pas plus que le jeu de mots, qui a déjà été commis souvent.

Et il m'expliqua ce qu'on entendait, dans le langage spécial de la presse, par les expressions qui avaient causé mon étonnement. A mon tour, je ris bien de cet amusant quiproquo.

A ce moment, le secrétaire de la rédaction vint nous rejoindre.

— Le numéro est à peu près fait, nous dit-il. Si vous voulez descendre avec moi, à l'imprimerie, je pense que ce que vous verrez pourra vous intéresser.

Nous suivons notre guide qui s'engage, avec nous, dans un escalier tournant, assez étroit.

Dans l'atelier, l'équipe, au grand complet, travaille fiévreusement. La main droite va, avec un mouvement d'une régularité automatique, d'une précision de machine intelligente, des petits casiers qui renferment les lettres, au composteur placé dans la main gauche, pendant que les yeux restent attachés aux petites bandes de papier découpé, qui contient la copie. Tout cela se fait dans un profond silence : on sent que tous les cerveaux sont absorbés par le travail. Seule, la machine à vapeur, placée dans la salle voisine, annonce sa présence par quelques ronflements.

J'assiste à la mise en page, au tirage des épreuves. Maintenant on serre les formes, que l'on porte au clichage. Puis, les demi-cylindres de métal sont appliqués sur les cylindres de la machine rotative, qu'on met en train.

— Tout va bien... Marchez! Alors commence un spectacle qu'il faut avoir vu, pour se rendre compte de l'impression qu'il suggère.

Actionnée par les rubans de transmission, se met en marche la machine, qui va donner la consécration définitive à tous les efforts isolés que j'ai vu collaborer jusque-là.

L'énorme rouleau de papier, mis en place, commence à tourner, d'abord lentement; puis il va plus vite ; puis il court avec une rapidité vertigineuse. En même temps, tournent les lourds cylindres qui portent les caractères; les rouleaux qui les couvrent d'encre, tournent, eux aussi, du même coup. Entre les clichés, le papier, comme une anguille, se glisse, monte, descend, serpente, avec un mouvement si intelligent, qu'on croirait qu'il sait ce qu'il fait. Enfin, d'innombrables aiguilles le percent, le coupent, le séparent en feuilles ; celles-ci arrivent, huit à la fois, de chaque côté de la rotative, sur une espèce de grillage, qui semble une main gigantesque.

Elles vont, les deux mains, sans cesse ; elles comprennent qu'il faut qu'elles se dépêchent et elles travaillent avec ardeur. Elles s'élèvent, s'abaissent, abattant à chaque coup sur les planches leurs seize journaux et recommençant, recommençant toujours.

Je ne crois pas que l'industrie moderne possède un instrument plus apte à montrer sa toute-puissance.

Nous sortons enfin. Dans la rue, des voitures roulent, portant aux gares ou distribuant en ville et dans la banlieue, les numéros du journal. Les vendeurs des kiosques, les camelots se pressent : c'est à qui aura, le premier, les exemplaires dont il a besoin. C'est un mouvement bruyant, une agitation tumultueuse, qui se prolongera, longtemps encore, après notre départ, portant à la terre entière la pensée, qui venait d'éclore là.

Toute cette vision m'avait profondément ému. Seul enfin, je repassai dans mon esprit les scènes variées qui s'étaient déroulées devant mes yeux et me demandai comment cette imprimerie, découverte par mes compatriotes il y a des milliers d'années, avait pu prendre un si merveilleux développement, dans cette

Europe qui n'avait pourtant réinventé la presse qu'il y a peu de siècles.

Je me dis que, pour opérer toutes ces merveilles, il avait suffi à un observateur de génie de remarquer ce fait si minime en apparence : que la vapeur d'un peu d'eau bouillant devant lui, soulevait le couvercle de la bouillotte. Et je compris qu'une nouvelle ère s'était alors ouverte pour l'humanité et que la science avai pris définitivement possession du globe terrestre.

A TRAVERS CHAMPS

A TRAVERS CHAMPS

Ce jour-là, je m'étais échappé de la ville : heureux comme un écolier en vacances, j'allais, à travers champs, laissant au hasard le soin de me conduire, regardant tout ce qui pouvait tenter ma curiosité, et modifiant sans cesse la direction de mes pas, suivant le spectacle qui m'attirait.

Les environs de Paris forment, par place, un potager merveilleusement cultivé. Les légumes que la grande cité dévore, allongent au loin leurs lignes régulières, aux intervalles méhodiquement tracés et forment un tableau qui ne manque pas de charme... ni même de poésie.

Oui, de poésie. Je ne suis pas de ceux qui regrettent les empiètements de l'homme sur la nature rebelle. Je ne regarde pas, comme fatale à l'idéal, l'époque où, suivant l'expression d'Alfred de Musset :

> ... « Le globe rasé, sans barbe ni cheveux,
> Comme un grand potiron, roulera dans les cieux. »

Rien, au contraire, de plus poétique que ces triomphes de la civilisation sur la sauvagerie, du cultivateur sur le sol ingrat. L' « océan de choux et de navets », que produit, grâce à la sage application de l'engrais naturel, la presqu'île de Gennevilliers, ne m'effraye pas.

Loin de là : je me plais à contempler ce chef-d'œuvre de la patience humaine et je ne déplore qu'une chose : c'est que l'Europe ne présente pas partout un spectacle aussi vivant, aussi joyeux ; que les terrains incultes y soient encore si nombreux ; que la friche et les broussailles occupent d'immenses espaces, que le laboureur n'a pas encore utilisés.

Ce n'est pas que je sois ennemi juré des sauvages grandeurs de la nature abandonnée à elle-même : les paysages glacés des Alpes ; les sommets calcinés des Pyrénées me fascinent par leur horreur grandiose et je ne les revois jamais sans être profondément ému. Mais cette désolation, cette stérilité, est-ce là la véritable poésie ? Pour que le globe soit beau, est-il donc indispensable qu'il soit mal peigné. Ne peut-on lui couper les cheveux et lui faire la barbe, sans l'enlaidir ? en l'embellissant même ?

Toute conquête de l'homme sur la nature ajoute à la beauté de la terre, contribue à la poésie de l'existence. N'y eût-il que cette pensée : « tel hectare de terre, hier couvert de brousse, aujourd'hui rendu fécond, peut nourrir une famille entière; » la conclusion inévitable suffirait pour satisfaire les exigences poétiques les plus raffinées.

C'est ainsi, du moins, que nous avons posé et résolu la question en Chine. Partout où il a été possible, nous avons déraciné la forêt et fait passer la charrue. Nous y avons beaucoup gagné. L'Europe ne perdrait rien, certes, à faire aussi la barbe à la nature, à défricher tant de terrains, encore inutiles, qu'on rencontre jusqu'aux environs mêmes de Paris.

C'est une chose curieuse, en effet, que la comparaison des traitements différents que nous faisons subir à la terre. Chez nous, il n'est pour ainsi dire pas un coin de champ, qui ne serve au paysan. Le laisser stérile nous paraîtrait un véritable crime, un acte d'impiété envers la terre, qui veut être fertilisée par l'homme, et lui rend au triple ce qu'il lui a donné. Quelle est la situation de l'agriculteur en Europe ?

Le paysan français, par exemple, est, depuis un siècle, le plus riche de l'Europe. Le morcellement des héritages a créé une classe très nombreuse de paysans propriétaires; petits propriétaires, qui cultivent eux-mêmes, et vivent du produit de leur sol.

Sobre, patient, laborieux, ne reculant devant aucune peine ; se sacrifiant, lui et sa famille, à la terre qu'il adore, le paysan ne se sent pas heureux cependant et, trop souvent, émigre vers la ville et les grandes usines.

Je crois que cette différence dans la situation des agriculteurs français souvent mécontents, et des laboureurs chinois, si satisfaits de leur sort, tient principalement à trois causes : le budget, le caractère agricole de notre gouvernement, et la constitution de la propriété.

Le budget de la Chine est, en effet, prodigieusement faible, en comparaison des dépenses et recettes d'un grand Etat européen. Les impôts indirects : mines, douanes et sel, n'en constituent qu'une très faible portion. La presque totalité du revenu est fournie par l'impôt foncier, qui divise les terres en quatre classes, suivant qu'elles sont irriguées ou non, qu'elles ont été récemment conquises sur les eaux, etc.

Cet impôt est, en moyenne, de 1 fr. 50 à 5 fr. par hectare, ce qui fait environ 3 fr. par tête ; tandis qu'en France, l'impôt payé par chaque habitant s'élève à plus de 75 fr. De sorte qu'une famille chinoise, composée de huit personnes, ne paye que 24 fr. ; tandis qu'une famille d'agriculteurs français, de 4 membres, paye 300 fr.

Je n'ai pas besoin d'insister sur l'énormité de la différence, qui saute aux yeux. Je dois ajouter pourtant que, dans les temps de disette, le gouvernement accorde des remises d'impôts et des exemptions totales, tout en pourvoyant aux besoins immédiats par les immenses réserves, entassées dans ses magasins de riz.

D'autre part, notre gouvernement offre un caractère tout spécial.

Isolés du reste du monde pendant une longue période d'années, nous n'avons pas eu, pour ainsi dire, de politique étrangère ; l'action de nos gouvernants était donc tout intérieure et se résumait en deux mots : maintien de l'ordre et soins donnés à la terre. Et, cela est si absolument vrai, qu'on pourrait dire que, pendant une suite prodigieuse de siècles, notre gouvernement a été un immense ministère de l'agriculture, appliquant tous ses efforts au sol ; enseignant au paysan l'usage de l'engrais naturel ; couvrant tout le pays d'un gigantesque réseau de canaux d'irrigation ; se faisant, en même temps, l'économe de la nation, et accumulant dans ses greniers, par l'impôt foncier payé en nature, le superflu des années de bonne récolte, seule ressource de tous dans les temps de famine.

L'Europe, au contraire, absorbée par des guerres d'Etat à Etat, n'a pas joui de la tranquillité indispensable pour créer un gouvernement aussi exclusivement pratique, aussi spécialement consacré à la surveillance et à la direction de la principale industrie nationale. En même temps, elle était obligée de recourir à toutes sortes de taxes indirectes, gênantes pour le commerce et l'industrie qui, au contraire, chez nous, sont absolument libres et ne se voient jamais entravés dans leur essor par l'intervention administrative, ni arrêtés par des impôts spéciaux ou des droits d'octrois.

Enfin, la constitution de la propriété du sol, après avoir traversé des phases diverses, s'est fixée définitivement en Chine, au système actuel, très avantageux pour tous et dont une expérience prolongée nous a démontré la supériorité.

La propriété, en Chine, a d'abord été collective, comme elle l'est au début de toutes les civilisations; puis elle est devenue individuelle, telle que nous la voyons fonctionner actuellement en Europe.

L'appropriation individuelle du sol ne tarda pas à développer une foule d'inconvénients, sur lesquels je n'insisterai pas ; on les a constatés ailleurs, et les livres des économistes regorgent d'arguments pour et contre ce mode de propriété. Quoi qu'il en soit, la situation, en Chine, était devenue insupportable. Il se produisit un courant d'opinion puissant en faveur du retour à la propriété collective.

Nos collectivistes finirent par triompher, et, réorganisant la propriété de la terre sur une nouvelle base, en confièrent l'administration à des directeurs contre lesquels on chercha, bien entendu, à prendre toutes les garanties possibles.

Il arriva ce qui devait arriver. Après un certain temps, les directeurs prirent la place de la collectivité et les simples administrateurs d'autrefois devinrent les seuls propriétaires du sol.

Jamais propriétaires n'avaient été plus tyranniques, plus durs pour la masse des dépossédés.

C'est alors que, vers le troisième siècle de l'ère actuelle, un nouveau mouvement se dessina avec netteté.

Lassé de la propriété individuelle ; désillusionné

sur la propriété collective, le Chinois chercha et trouva un nouveau mode d'organisation. Par étapes successives, l'Etat devint seul propriétaire de la terre chinoise, dont l'individu ne put plus être que le simple possesseur.

J'ai dit ailleurs de quelle manière la terre fut alors répartie, entre les agriculteurs. Je ne reviendrai donc pas sur ce sujet.

Voyons maintenant, comment fonctionne le nouveau système.

L'Etat est propriétaire du sol, qu'il loue à chaque famille moyennant une redevance. C'est cette rente du sol, qui porte le nom d'impôt foncier.

Le paysan n'est que le fermier de l'Etat. S'il néglige de cultiver sa terre, il n'est pas seulement frappé par la diminution de ses récoltes, il sait aussi que le gouvernement pourrait lui reprendre des champs, comme cela s'est fait déjà.

Simple fermier, il est évident que le paysan ne peut comparer son usufruit au droit de propriété qui, dans l'ancienne Rome par exemple, était le droit d'user et d'abuser. Il est usager, et il le sait bien et agit en conséquence ; son intérêt, d'ailleurs, est en parfait accord avec le droit de la communauté nationale.

Sans doute, il peut vendre sa terre, mais il ne vend jamais que l'usufruit ; l'Etat reste nu-propriétaire. Ce droit de vente si restreint est encore limité par une sage mesure : le champ patrimonial, celui qui renferme, en général, les tombeaux de la famille, reste inaliénable. Il constitue, pour chaque famille, une espèce de réserve obligatoire, de garantie assurée contre la misère.

Nos gouvernants ont voulu que chaque famille agricole fût en possession d'un terrain assez grand pour la nourrir. Ils ont distribué la terre en conséquence, et ont veillé, depuis, à ce que les parcelles ne vinssent point se réunir pour former de grands établissements agricoles, concentrés entre les mains de quelques possesseurs.

Les exploitations sont donc restées petites. C'est, du moins, le cas le plus général. Elles varient de 1 à 4 hectares de superficie. Il en est de plus grandes, mais le cas, en somme, est assez rare.

Je n'hésite pas à attribuer principalement à cette organisation de la propriété, l'aisance du paysan chinois. L'individu est privé d'un droit, c'est vrai. Mais l'expérience nous a démontré que ce droit, non seulement n'est pas nécessaire, mais encore est nuisible et qu'une nation d'agriculteurs n'est jamais aussi riche, aussi heureuse, que lorsqu'elle travaille paisiblement la terre, constituée en propriété nationale.

LA BIBLIOTHÈQUE NATIONALE

LA BIBLIOTHÈQUE NATIONALE

———

— Il pleut et le ciel est si couvert, que nous en avons probablement pour toute la journée. Si vous voulez, au lieu de patauger dans les allées détrempées du Champ-de-Mars, nous allons visiter la Bibliothèque Nationale.

J'avais déjà entendu parler de cette collection incomparable de livres et de manuscrits, mais je ne la connaissais encore que de nom. Je fus donc heureux de profiter de l'occasion qui se présentait, pour examiner de près la grande institution dont on m'avait dit tant de bien.

Arrivés rue de Richelieu, nous franchissons la porte.

Au vestiaire, on nous débarrasse de nos parapluies et nous nous dirigeons vers le secrétariat.

Ma carte d'entrée facilement obtenue, nous pénétrons dans la salle de Travail; à la porte on nous remet un bulletin, que nous devrons présenter en sortant.

Mon ami m'explique le fonctionnement, assez facile, du contrôle des livres remis aux visiteurs. Puis, je regarde autour de moi.

L'immense salle offre aux savants, aux journalistes, aux étudiants, environ trois cents places. On est fort à son aise pour travailler là, assis dans un bon fauteuil, devant une table de dimensions très suffisantes. La lumière arrive de haut et éclaire, sans fatiguer.

Mon ami demande un livre.—Il est de bonne heure et le public n'est pas encore très nombreux. Néanmoins, il faut compter que nous avons de vingt à trente minutes à attendre, avant qu'on m'apporte mon volume.

Je trouvai le délai un peu long.

— C'est le grand défaut de la Bibliothèque. Le personnel n'est pas assez nombreux. Lorsque la salle est pleine, comme vous le verrez tout à l'heure, il faut bien plus longtemps. Je vais vous faire connaître, en attendant, l'organisation de la Bibliothèque.

Tout autour de la salle, collés au mur, de nombreux rayons renferment des livres, mis à la disposition du public. Ce sont, en général, des ouvrages à consulter: dictionnaires de toutes les langues anciennes et modernes; encyclopédies diverses; auteurs classiques; traités relatifs à la géographie et à l'histoire; enfin, ouvrages de bibliographie. Au fond de la salle, une immense table spécialement affectée aux revues et autres publications périodiques les plus importantes. Il y en a une centaine, plus intéressantes les unes que les autres.

Les ouvrages relatifs à la bibliographie sont indispensables, en l'absence d'un catalogue. Car, le fait est malheureusement indiscutable : le catalogue n'existe pas, pour le public, du moins. Depuis quelques années, seulement, on a mis à la disposition des lecteurs un tout petit catalogue, comprenant les ouvrages le plus récemment arrivés.

Mais, à côté de ce défaut, que de qualités! Les seuls volumes de la salle permettent déjà de faire des études assez complètes, de creuser bon nombre de sujets. Puis, n'est-ce pas une chose admirable, que de voir l'État mettre gratuitement à la disposition de ceux qui veulent s'instruire, une réunion pareille de trésors littéraires!

C'est là, du reste, un caractère commun, en France, à tous les établissements qui peuvent servir à éclairer le public. Jardin des Plantes, ménagerie, musées, fabriques nationales, bibliothèques quelconques : le visiteur peut tout voir, tout examiner, sans débourser un centime. Tandis que, dans bien d'autres contrées de l'Europe, tout se paye. Et, c'est la plus cruelle des ironies que de demander de l'argent à l'homme, en général, le plus pauvre de tous : à l'étudiant, au savant!

La question du catalogue est, d'ailleurs, aussi une question d'argent. La Bibliothèque n'est pas assez riche pour dépenser les quelques centaines de mille francs nécessaires.

Je ne pus m'empêcher de manifester mon étonnement au sujet de cet état de choses.

— C'est très ennuyeux, me dit mon guide, mais ce n'est pas notre faute. Je ne sais pas à quoi les générations qui nous ont précédés, dépensaient leur argent. Mais il est certain qu'elles n'ont pas fait ce qu'il fallait. Et nous, nous ne pouvons le faire. La situation européenne nous force à dépenser plus d'un milliard par an, pour l'armée et la marine. Nous n'avons pas à notre disposition les ressources dont nos pères n'ont pas fait l'usage voulu, et nous sommes obligés de nous résigner et d'attendre.

— Le budget de la Bibliothèque est donc bien petit?

— Une centaine de mille francs par an. Juste ce qu'il faut pour faire marcher la machine très économiquement, et acheter les ouvrages étrangers indispensables. Nous n'arriverions pas, sans une très sage mesure prise par le gouvernement il y a un siècle, et qui oblige tout imprimeur à déposer un exemplaire de chaque œuvre qui sort de ses presses, pour la Bibliothèque Nationale. C'est une faible dépense pour les éditeurs et une immense économie pour le grand institut que vous visitez.

Je trouvai, en effet, cette mesure très sage et très intelligemment conçue. J'admirai sans réserve la simplicité d'une prescription légale, à laquelle peu de gens, peut-être, font attention et qui obtient des résultats énormes, à si peu de frais.

Je remarquai encore la parfaite politesse des employés de tout rang et la peine qu'ils se donnent pour satisfaire les visiteurs.

Puis, mon ami ayant reçu son livre, se mit à travailler. De mon côté, je m'emparai du volume de la « Géographie Universelle », d'Élisée Reclus, qui traite de la Chine et je me plongeai dans la lecture de ces pages, doublement délicieuses pour moi.

Bercé par le style harmonieux du grand écrivain, du charmeur qui a su rendre la science, en apparence la plus aride, plus attrayante et plus passionnante que le roman et la poésie, plus vivante que la peinture et la sculpture, je ne m'aperçus point de la fuite rapide des heures.

Mon ami vint m'éveiller de mon extase.

— Il est midi. Voulez-vous déjeuner?

— Avec plaisir : où déjeunerons-nous ?

— Ici même, si toutefois vous voulez vous contenter de l'ordinaire, modeste mais très suffisant, de la maison.

— Il y a donc un restaurant, dans la Bibliothèque?

— C'est une innovation, qui ne date que de quelques années. Venez et vous jugerez.

En face du vestiaire, une petite salle offre la pâture aux travailleurs affamés. Les plats sont très simples, mais fort bons. Le service est fait, comme je ne l'ai jamais vu dans aucun restaurant, par des gens pleins de prévenances, qui savent bien à quel public ils ont affaire et le traitent en conséquence, voient tout d'un coup d'œil et — chose extraordinaire — vont, viennent, s'acquittent de leur service, sans faire le moindre bruit. On dirait qu'ils ont peur de troubler la pensée de ceux qui viennent se restaurer, de leur faire perdre le fil de leurs idées.

Je sors de là, enchanté. Le repas n'était pas digne de Lucullus ; mais s'il était simple, il était excellent et d'un bon marché exceptionnel ; et l'on n'est pas dérangé par les cris, les bruits, les poussées, habituels dans les restaurants même le plus en vogue.

Nous rentrons dans la salle de Travail. Je demande quelques volumes chinois et je m'aperçois que mon pays n'est pas encore suffisamment représenté à la Bibliothèque. Les traductions des Évangiles en chinois, les livres rédigés dans notre langue par les missionnaires, sont trop nombreux, par rapport aux trop rares œuvres de nos lettrés, qui ne peuvent pas donner une idée exacte de la richesse de notre littérature nationale. Mais les explications que m'a données mon compagnon sur le peu de ressources mis à la disposition des administrateurs de la grande collection, me font comprendre que ce n'est là qu'une question de temps et que l'avenir comblera ces vides.

Mon ami a fini de prendre ses notes. Nous quittons la salle de Travail, pour monter à la division des manuscrits, où j'ai vu des merveilles. Manuscrits de toutes langues, de tous temps et de tous pays : français, allemands, arabes, hébreux, égyptiens ; chefs-d'œuvre de la calligraphie ; exemplaires uniques, qu'on ne retrouve nulle part ailleurs. Toutes les races et tous les siècles semblent s'être concertés pour réunir là leurs trésors les plus précieux : depuis le papyrus égyptien jusqu'au bambou de l'Inde et du Thibet, à l'écorce de mûrier de la Chine, au parchemin de l'Europe du moyen âge.

Il y a là des volumes que le copiste a dû passer sa vie à parfaire. D'autres, où l'art a pris la forme la plus singulière. Ainsi l'on me montre, dans une vieille Bible manuscrite, deux pages couvertes de dessins.

— Que voyez-vous là ?

— Une rosace, entourée d'arabesques.

— Regardez bien.

— J'ai beau m'évertuer : je ne vois que des arabesques autour d'une rosace.

On me donne une loupe : et je ne suis pas peu surpris de constater que les traits de la rosace, les contours délicats des arabesques sont formés de lettres minuscules : si petites, qu'il est impossible de les lire à l'œil nu ; que le copiste a dû les écrire à la loupe pour tracer dans un si faible espace, le volume tout entier des Psaumes !

De là, nous passons au cabinet des Médailles, où m'attendent de nouvelles surprises : que de pièces rares, chefs-d'œuvre de la patience et du religieux amour de l'art !

Je sors un peu ébloui. Je jette un coup d'œil, en passant, au cabinet des Estampes, que je me promets de visiter plus à fond, une autre fois.

Nous voici au grand air. Je peux repasser mes impressions et les analyser. A l'immense satisfaction d'avoir vu de si belles choses, se mêle le regret, que j'éprouve très vivement pour mon pays, de ce qu'il ne possède rien de comparable à ce monument merveilleux.

Nous n'avons pas, en effet, d'institution équivalente. Les bibliothèques impériales de Pékin ne s'ouvrent, de par la nature même des livres qu'elles renferment, qu'à un petit nombre de privilégiés, aux docteurs de l'Académie des Han-Lin, par exemple. Puis, ces bibliothèques de même que nos collections de province, sont presque exclusivement chinoises : elles n'ont pas le caractère international de la grande Bibliothèque parisienne.

Il est vrai que, jusqu'ici, le besoin d'une réunion de livres de ce genre, n'existait pas. Tant que nous fûmes renfermés chez nous, notre propre fonds nous suffisait. Maintenant, que les contacts avec le reste du monde deviennent de jour en jour plus fréquents, nous avons besoin, nous aussi, de connaître davantage l'étranger, de nous assimiler ses lettres et ses sciences, d'étudier le passé, d'apprendre l'histoire des peuples avec lesquels, dans la suite des siècles, nous n'avions eu aucune communication.

C'est dire que le jour n'est pas loin où nous jetterons aussi les bases d'un établissement analogue ; où nous fonderons, pour les besoins sans cesse augmentés de nos lettrés, une bibliothèque universelle, dans laquelle les nouvelles générations pourront trouver, avec les chefs-d'œuvre des lettres chinoises, le panthéon des littératures et des sciences de tout le reste du globe habité.

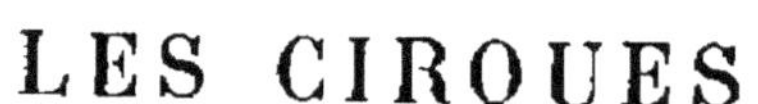# LES CIRQUES

LES CIRQUES

Je n'avais aucune idée de ce que pouvait être un cirque, lorsque, pour la première fois, je fus invité à passer la soirée dans une de ces salles de spectacle, inconnues à la Chine.

Aussi, ma surprise fut-elle très grande.

Au milieu d'un immense édifice circulaire, tout environné de gradins, destinés à recevoir les spectateurs, un espace est réservé aux acteurs qui vont nous divertir; acteurs de deux espèces : des hommes, puis des animaux.

Je n'attachai pas grande importance aux exercices de prestidigitation et d'acrobatie proprement dite :

j'avais vu, dans mon pays, l'équivalent de toutes ces choses.

Mais bientôt, je devins attentif à des apparitions toutes nouvelles pour moi.

Voici d'abord un cheval, monté par une écuyère. La bête, admirablement guidée par l'amazone, trotte, galoppe, parcourt l'arène sablée, puis s'arrête; elle s'avance alors, à pas comptés, suivant avec une régularité merveilleuse la mesure indiquée par la musique de l'orchestre; dansant avec la précision d'une sylphide de ballet d'opéra. Etonné, je me demandai comment on pouvait arriver à donner à un simple cheval, l'enseignement nécessaire pour développer une telle perfection de mouvements. Mais, je n'étais pas au bout de mes surprises.

La scène se transforme. Des êtres bizarrement habillés, plus bizarrement peints et coiffés, et qu'on appelle clowns, entrent et miment les épisodes qui se passent dans une gare de chemin de fer.

— Un billet, s'il vous plaît !

— Quelle classe ? fait l'employé, d'un ton bourru.

— Première.

Grands saluts de l'employé qui, la casquette à la main, conduit le voyageur au coupé, lui ouvre la porte et l'aide à monter.

Un autre voyageur demande un billet de deuxième classe.

— Deuxième ? C'est là-bas, là-bas, tout au bout, crie l'employé, qui ne se dérange pas, cette fois.

Enfin, arrive le nègre Chocolat, qui sollicite modestement un billet de troisième classe.

— Le voilà ton billet, fait l'employé, et voilà, par-dessus le marché.

Et, d'un coup de pied magistral, il envoie l'infortuné Chocolat voltiger dans la direction des troisièmes.

Je trouvai qu'il y avait beaucoup de philosophie, dans ces farces des clowns, dans ces plaisanteries dont l'apparence triviale cache une leçon digne d'un maître de l'art comique.

Mais, voici autre chose. On dresse, sur la scène, des appareils de gymnastique minuscules. Sur les trapèzes, les échelles, les barres, les portiques, une troupe de chats vient se livrer à des exercices d'acrobatie, remarquablement exécutés. Et j'admire encore une fois, la patience des hommes qui ont pu discipliner et façonner à leur gré, l'animal indépendant et désobéissant par excellence, l'hôte demi-sauvage de nos maisons, le chasseur qui nous montre, dans la poursuite des souris et des oiseaux, qu'il a conservé tous les instincts féroces de son aïeul, l'habitant des bois.

Nouveau changement. Cette fois, c'est

« l'animal affamé qui se nourrit de glands »,
comme chantait Delille ; c'est un gros porc, grognant, geignant et criant, qui va nous faire voir son adresse.

Il court, va, grimpe, descend, saute, remonte, crève le papier d'un bond, passe dans des cerceaux enflammés, et fuit, grognant et criant de plus belle, sous les bravos du public. Monselet eût dit « cher ange », en voyant se trémousser ce petit-salé futur, ces jambons à venir.

Attention ! Le cirque vient de changer son arène en désert, partout entouré d'une grille de fer, qui en fait une cage immense. Une porte s'ouvre et quatre lions pénètrent tour à tour dans cette enceinte. Chacun sait que les grilles sont solides, un frémissement court néanmoins dans la foule, à la vue des puissants fauves qui sont là, si près, avec leur attitude hypocrite, dos courbé, œil de côté, grognements sourds.

Le dompteur a suivi les monstres. Il est le maître redouté. Ainsi, l'homme a pu arriver à maîtriser ces tyrans des forêts, à faire du roi des animaux son esclave soumis et obéissant ! Les lions bondissent, sautent des obstacles ; les voilà attachés à un char, qu'ils traînent en rugissant autour du théâtre. Parfois, une tentative de rébellion, à peine esquissée, la terrible cravache ne tarde pas à rétablir l'ordre.

Si pourtant, l'animal bien plus fort, se révoltait contre l'homme ; si, lassés de recevoir des coups, ces quatre rois dégradés allaient se redresser contre le dompteur et lui faire payer cher sa folie et leur abaissement ?

Je frissonne, à cette idée. Et pourtant ! Cela s'est vu plus d'une fois, m'a-t-on dit. Une distraction du maître ; un instant d'inattention, et la brute, déchaînée de nouveau, prend une épouvantable revanche.

J'éprouve un véritable soulagement, lorsque le dompteur, après avoir scrupuleusement rempli le programme, fait sortir ses élèves peu commodes.

Mais ce n'est pas fini. Voici quelque chose de plus extraordinaire encore. Car cette fois il s'agit, en même temps, d'assouplir la férocité et de calmer la terreur ; d'associer deux animaux dont la nature est si différente, qu'elle semble leur interdire toute action commune.

Ils se montrent, pourtant : sur un cheval, que la crainte d'être battu empêche seule de céder à une autre crainte, bondit un étrange cavalier. C'est encore le lion, c'est le roi du désert, que la volonté de l'homme vient de réduire au rôle d'écuyer du cirque. Lui aussi, la peur de la cravache le maintient, l'empêche de plonger griffes et dents dans le cou de sa monture. Et l'exercice se poursuit ; les deux animaux, sous l'œil du maître, renoncent à leurs instincts et collaborent comme deux frères, pour le plus grand plaisir de la foule, qui applaudit de nouveau, heureuse encore une fois de fêter le triomphe de l'énergie humaine sur les forces brutales de la nature.

J'ai dit qu'en Chine, nous ne connaissions pas les cirques. Nous ne pouvons, en effet, les connaître.

Le cirque moderne est une transformation des anciennes arènes, dans lesquelles Rome faisait lutter gladiateurs contre gladiateurs et jetait les captifs, ramassés dans ses expéditions guerrières, aux bêtes fauves amenées des contrées les plus lointaines.

L'adoucissement des mœurs a fait disparaitre les plaisirs barbares de l'antiquité, dont le dernier reste subsiste dans les courses de taureaux.

Isolés du monde romain, nous n'avons pu être influencés par les habitudes des conquérants de la terre. Une seule fois, un contact faillit s'établir, au moment où nos troupes, arrivées près de la Caspienne, purent songer à se mesurer avec les descendants de Romulus.

Le conflit n'eut pas lieu. A l'abri dans notre monde, séparé du reste du globe, nous n'avons pu importer les jeux cruels de la ville aux sept collines.

Nous ne pouvons donc en conserver le souvenir, nous ne pouvons pas avoir actuellement le cirque moderne, qui ne pénétrera chez nous que lorsque, familiarisés avec la vie occidentale, un grand nombre de nos compatriotes voudront naturaliser dans l'Extrême-Orient, ce spectacle bien innocent aujourd'hui.

Nous ne connaissons pas non plus ces ménageries ambulantes, qui promènent, par les villes et les villages, les bêtes féroces, exposées à la curiosité publique. Nous ne possédons même pas l'ours dressé, que son conducteur fait danser, dans les villages de l'Autriche et de la Russie.

Le seul animal que l'on dresse, en Chine, c'est le singe. Habillés, coiffés, les singes sont habiles à exécuter toutes sortes de tours et font, comme chez Corvi, la tranquillité des parents et le bonheur des enfants du Céleste-Empire.

Si nous n'avons ni dompté, ni songé à dompter tant d'animaux de tout climat que l'Européen a soumis à ses caprices, je dois avouer d'autre part, que nous n'avons pas encore de ménagèrie publique, telle que celle du Jardin des Plantes. Ménagerie d'ailleurs toute moderne en Europe même, institution utile et agréable à la fois et que, bientôt je l'espère, nous posséderons à notre tour.

Mais il faut ajouter ici, qu'il sera plus difficile à la Chine qu'à la France, de recruter les hôtes d'un musée vivant de ce genre. Les bateleurs, les ménageries roulantes, ont vu, sous la Révolution, leurs animaux, achetés par le gouvernement, servir de base au développement de la ménagerie actuelle.

Puisque nous n'avons pas cette ressource — les ménageries particulières n'existant pas — nous serons obligés de créer l'établissement de toutes pièces. Seuls les singes, avec leurs espèces si nombreuses dans nos climats asiatiques, pourraient nous fournir immédiatement un personnel en nombre suffisant, pour créer quelque chose d'analogue à leur immense palais du Jardin des Plantes, et égayer grands et petits par leurs cris, leurs gambades, leurs malices, les innombrables joyeusetés particulières à ces réductions bizarres de la forme humaine, maquettes inachevées du roi de l'univers.

UN CABINET DE LECTURE

UN CABINET DE LECTURE

Dans les grandes villes de l'Europe, on peut trouver à peu près tout ce que l'on veut. Mais c'est surtout à Paris que j'ai admiré la multiplicité des exigences de la civilisation européenne, en même temps que les facilités offertes au public pour contenter ses moindres désirs.

L'autre jour, comme nous flânions sur les boulevards, mon *cicerone* s'arrêta tout à coup et me demanda si je désirais visiter un cabinet de lecture.

— Qu'est-ce qu'un cabinet de lecture ?

— C'est un établissement où vous pouvez lire les livres les plus nouveaux et parcourir un nombre incroyable de journaux. Venez, le spectacle en vaut bien la peine.

La salle, dans laquelle nous venions de pénétrer, était assez vaste. Tout autour, contre les murs qu'ils cachent jusqu'au haut, des rayons remplis de livres. Sur d'immenses tables, étaient étalés ou empilés des centaines de journaux et de revues, tant de Paris, que de province et de l'étranger. Je me plongeai avec délices dans la lecture du *Shen-Pao*, de Shanghai, et ne fus pas peu surpris et satisfait de me trouver si facilement au courant des dernières nouvelles de mon pays.

Le silence était parfait, dans cette petite bibliothèque publique, toute remplie de lecteurs, qui y trouvent place, pour le prix minime de quelques sous. De temps en temps, l'un d'eux se levait, adressait quelque question, faite à voix basse à une dame, assise à l'intérieur d'une sorte de comptoir et recevait bientôt le livre ou le journal demandé.

Les gens qui viennent là, sont en grande partie des journalistes et des gens de lettres. Il y a aussi quelques vieilles demoiselles, à l'air enthousiaste, qui poussent parfois de gros soupirs, en lisant de vieux livres, dont l'usure évidente fait le plus bel éloge.

Je demandai ce que c'était que ces volumes, qui semblaient si fortement passionner les lectrices.

— Ce sont des romans.

— Et qu'est-ce qu'un roman?

— Un roman est un récit assez long, dans lequel on voit, la plupart du temps, un homme amoureux d'une femme et réciproquement. Il y a toutes sortes d'incidents. Les hasards de la vie se mettent en travers des projets de nos amoureux, qui finissent, en général, par s'épouser au dernier chapitre, après quoi ils vivent heureux et ont beaucoup d'enfants.

— Alors, nous avons aussi des romans, en Chine ; quelques-uns, des plus célèbres, sont connus de tous les lettrés ; mais, en général, ce genre de littérature n'a pas chez nous une très grande importance. Les gens sérieux préfèrent la poésie, l'histoire et la philosophie.

— Vous ferez la même remarque en Europe. Pourtant, le roman est la lecture favorite de l'immense majorité du public. Le nombre de nos romanciers est grand, et chaque année voit éclore bon nombre de ces œuvres.

— Mais comment un sujet qui, en somme, est toujours le même, ne finit-il pas par fatiguer le lecteur ?

— Le fond est le même, mais la forme est infiniment variée. Nos romanciers conjuguent le verbe aimer sur une telle quantité de modes, qu'il n'est pas facile de trouver deux romans qui se ressemblent.

— Je saisis bien : sur ce fond, toujours le même, vous brodez tous les événements heureux ou malheureux de la vie humaine.

— C'est cela ; mais, il y a autre chose encore. Grâce aux progrès des sciences et de la civilisation, notre milieu social change sans cesse. Le Paris que vous voyez, est bien différent de celui d'il y a vingt ans. Le roman s'approprie toutes ces innovations et y encadre ses héros. Vous comprenez bien qu'à notre époque, avec nos chemins de fer, nos vapeurs et nos téléphones, nos ballons et notre électricité, on vit tout autrement qu'il y a cinquante ans, dans ce bon vieux temps, où l'Europe roulait lourdement dans ses lourdes diligences; où le voyage de Paris à Marseille, que vous faites aujourd'hui en vingt-quatre heures, demandait six semaines.

— Parfaitement : le roman, autrefois, se traînait dans les diligences. Aujourd'hui, il galoppe en express. Le drame est toujours le même : il se joue sur un autre théâtre.

— Vous l'avez dit. Mais un autre changement, encore s'est produit. Nous vivons plus vite, aujourd'hui, qu'autrefois...

— Plus vite! Est-ce que vos journées n'ont plus vingt-quatre heures?

— Ne riez pas. Nous en avons vingt-quatre, alors qu'il nous en faudrait quarante-huit et davantage. Les occupations de toute sorte sont devenues plus nombreuses, et les plaisirs plus variés. On ne sait vraiment plus où prendre le temps nécessaire pour travailler, les heures indispensables pour s'amuser ou se livrer au repos. On vit le matin, le soir, le jour, la nuit. On brûle la vie et on est arrivé au bout, sans savoir comment on a vécu, telle est la vitesse du tourbillon qui vous emporte, et vous refuse les moments d'arrêt pendant lesquels vous pourriez réfléchir.

— Autrement dit, vous vivez dans une espèce de fièvre qui ne vous permet pas de vous regarder vivre.

— C'est bien cela. Et comment voulez-vous qu'il en soit autrement? Tenez, regardez ce cabinet de lecture, uniquement fait pour nous mettre au courant des nouveautés, que ne nous offrent pas les grandes bibliothèques publiques, entretenues par les soins du gouvernement. Faites le compte de ce qui vient s'engouffrer ici. Enumérez les productions littéraires qui s'y entassent.

Vous avez, d'abord, sept à huit cents journaux par jour ; sans compter une centaine de revues spéciales ou générales qui paraissent par semaine, par quinzaine ou par mois. C'est déjà joli, direz-vous ? Mais attendez : voici du meilleur. Savez-vous ce qu'il se publie de livres, par an, en France seulement ?

— Dites !

— Une quinzaine de mille, à peu près. De sorte que, si vous vouliez être au courant de tout ce qui s'imprime, il vous faudrait lire quelque chose comme quarante et un volumes et une fraction, par jour. Qu'en pensez-vous ?

— Je pense qu'à force d'imprimer, vous finirez par ne plus pouvoir lire du tout. Quinze mille volumes ! Comment faire un choix, dans cette énorme bibliothèque annuelle? Comment pouvez-vous rejeter ce qui est mauvais, et conserver ce qui est bon, puisque le jugement même devient impossible ?

— C'est ici que les journaux et les revues interviennent, pour le salut de nos pauvres cerveaux embarrassés.

Les critiques spécialement chargés de rendre

compte de ce qui vient de paraître, font pour nous une espèce de triage, dans cet énorme stock de nouveautés littéraires et scientifiques. Ils sacrifient impitoyablement tout ce qui est mauvais, médiocre ou passable, et n'appellent sérieusement notre attention que sur les œuvres dignes d'intérêt. Ils éliminent, éliminent, éliminent, tout à l'envers de cet écrivain dont parle Voltaire, qui compilait, compilait, compilait...

— Et il ne vous laissent à lire que le meilleur : la fleur des lettres et la crème de la pensée ?

— Je n'irai pas jusqu'à me prononcer d'une manière aussi absolue. La masse des livres qu'on nous recommande, ne se compose pas exclusivement de chefs-d'œuvre. Mais, enfin, c'est le dessus du panier, et, désormais, il nous est facile de trier nous-mêmes dans ce que nous a laissé le premier triage.

— Mais le nombre des auteurs finira par augmenter dans de telles proportions, que ce procédé même ne suffira plus.

— Je ne crois pas que ce danger soit à craindre. Et voici sur quoi je fonde ma manière de voir : il y a peu de temps encore, n'écrivait pas qui voulait. Toutes sortes d'obstacles — les uns dressés par la loi, les autres édifiés par les mœurs — empêchaient la libre expression de la pensée.

Le xix⁰ siècle a fini par briser toutes ces barrières légales et conventionnelles. En même temps, l'instruction faisait de grands progrès ; de sorte que, maintenant, tout le monde écrit à peu près bien.

Le résultat, vous le voyez. Nous avons été pris d'une sorte de rage d'écrire, de dire ce que nous avions dans le cœur, de faire connaître au public, même ce que l'on appelait autrefois les pensées de derrière la tête.

Cette fièvre de production est arrivée, maintenant, à son plus haut période, et nous submerge positivement dans une véritable mer littéraire. Mais vous savez qu'après le flux vient le reflux. Peu à peu, ces flots de paroles et d'écrits cesseront de monter et monter sans cesse. Quelques grands courants, dégagés de la tourmente, feront la synthèse des œuvres de ces dernières générations. Alors notre production fiévreuse et hâtive cessera et une littérature nouvelle plus sûre de son but et de ses moyens, de ses opinions et de ses tendances, concentrera ce qu'il y aura eu de meilleur et de plus élevé, dans ce siècle de puissante germination intellectuelle.

— Je comprends, et je ne regretterai pas l'heure passée à examiner cette salle, en me rappelant la leçon de philosophie littéraire que peut suggérer l'aspect d'un simple cabinet de lecture.

LES CAFÉS DE PARIS

LES CAFÉS DE PARIS

Je n'ai rien trouvé de plus original, à Paris, que ces cafés, qui invitent les passants au repos, le long des boulevards et de toutes les rues de quelque importance.

C'est ici que l'on peut étudier à son aise et comme en un livre ouvert, les aspects variés que prend la vie sociale, en Europe, aspects qu'on chercherait en vain dans notre Extrême-Orient.

En France, comme en Chine, le promeneur fatigué trouve des maisons hospitalières où il peut entrer, se reposer et calmer sa soif par quelque boisson rafraîchissante.

Le fond est donc le même : mais c'est dans la forme que tout est dissemblable.

Nous avons, nous, nos maisons de thé. Elles sont établies, en général, dans des locaux plutôt petits et d'aspect modeste. Les consommateurs qui se connaissent, causent à voix basse, s'entretiennent de leurs affaires, prennent une tasse ou deux du breuvage national, fument une de ces petites pipes dont on ne tire que quelques bouffées et s'en vont.

En somme, nos *thés* sont assez silencieux et chaque groupe de visiteurs s'y isole complètement du reste des assistants.

Pénétrons maintenant dans un café des grands boulevards de Paris.

Au rez-de-chaussée d'une maison de magnifique apparence, s'ouvre la double porte, destinée à opposer sa barrière vitrée au passage des courants d'air.

La salle dans laquelle nous entrons, pourrait être, aussi bien, la salle-à-manger d'une riche famille. La décoration a utilisé toutes les innombrables ressources de l'art moderne, pour embellir l'intérieur de l'édifice. Sur le plafond, de gracieuses formes de femmes, planant, dans les nuages, vous sourient, dès que vous levez les yeux et semblent souhaiter la bienvenue à leur hôte momentané. Les parois des murs disparaissent, ici, sous des faïences d'art, qui représentent allégoriquement les diverses boissons que vous pouvez prendre ; là, ce sont de vieilles tapisseries, sur lesquelles vous suivez les péripéties d'une chasse au cerf, ou une procession de guerriers armés de pied en cap, qui se préparent à donner l'assaut à une forteresse.

L'ameublement est en harmonie avec cet ensemble artistique. Une habileté incomparable a combiné les choses de façon à marier l'agréable et l'utile, à concilier le plaisir de la vue avec les exigences d'un confort raffiné. Assis sur de bonnes banquettes rembourrées, vous vous laissez aller au plaisir de regarder, d'admirer cette organisation, si nouvelle pour les yeux de l'étranger, mais que les Parisiens ne remarquent même pas, tant ils y sont habitués. Ces peintures, cette décoration qui s'étend aux moindres détails, ces reflets d'or et d'argent avec leurs tons chauds et lumineux, vous font croire un moment que vous avez été transporté par magie dans un de ces édifices de nos vieux contes de fées, où l'homme n'a qu'à désirer, pour voir se réaliser tous ses vœux.

Vous humez alors une tasse de cet excellent liquide que l'Arabie nous a fourni, pour se créer d'éternels droits à notre reconnaissance. Vous vous sentez bientôt doucement réchauffé et, l'esprit plus clair, vous jetez un regard autour de vous, pour voir comment se comportent vos voisins.

La salle est alors bondée de consommateurs, causant, riant, lisant des journaux de tous pays et de toutes langues ; se communiquant les nouvelles du jour et discutant, sans affectation, mais sans mystère. Vous n'écoutez pas : pourtant, vous entendez tout. Et, il se produit ainsi, par l'échange réciproque des impressions et des pensées, une sorte de pénétration mutuelle, qui fait pour un instant, de tous ces hommes qui viennent de s'apercevoir pour la première fois, qui se quitteront, dans un instant pour ne plus se retrouver, comme les membres d'une même famille.

Dans ces rapports éclate, avec toute sa force, la sociabilité du peuple de France. Il suffit de passer quelques heures dans un café parisien, pour comprendre tout ce que la politesse, la bienveillance, les attentions délicates, les égards de chacun pour tous et de tous pour chacun, prêtent de charmes à l'esprit français. Et comme on se rend bien compte, alors, de l'influence morale exercée sur le monde par ce peuple si gai et si aimable, si affairé et si persuasif !

Mais c'est surtout par les beaux soirs chauds de l'été qu'il convient de visiter les cafés : alors la salle devenue trop petite pour recevoir tous ceux qui viennent s'y délasser du labeur de la journée, fait déborder sur les larges trottoirs ses tables et ses chaises. Devant ces ruches bourdonnantes, où le gaz et l'électricité font renaître la lumière du jour, passe et repasse la foule des promeneurs. Et cette vie active dure jusqu'au matin : jusqu'au moment où les lourdes voitures qui apportent à la grande ville sa nourriture quotidienne, font rouler sur le pavé leurs grosses roues dirigées vers les Halles et recommencent, là-bas, le mouvement qui vient de se terminer ici.

Le café ne compte pas seulement, parmi ses visiteurs, les clients de passage qui ne s'y arrêtent que pour un instant. Il a une autre clientèle encore, plus restreinte, mais plus constante aussi. Le monde spécial de ceux qu'on a nommés les boulevardiers, — du boulevard qui semble être leur seconde patrie — joue dans les cafés un rôle spécial.

Pour le boulevardier, le café est une maison mille fois préférable à celle où il habite. C'est au café qu'il viendra faire sa correspondance, rédiger ses articles s'il est journaliste, voire même, écrire le chapitre d'un roman qui paraîtra, le lendemain, au rez-de-chaussée d'un journal. Que tous ces cafés disparaissent demain, comme par enchantement : l'on se demande avec stupeur ce que deviendraient ces habitués, qui y ont établi leur domicile et se contentent de ne pas y installer leur lit. Grave problème, dont on chercherait en vain la solution.

Dans un autre ordre d'idées, le café a pris et prend encore une place importante, dans la vie du peuple français. La politique, la jeune politique surtout, s'y donne rendez-vous et organise là ses grandes batailles. On m'a montré tel café, où retentit souvent la voix d'un homme qui, depuis, fut un orateur puissant : tel autre, qui réunissait chaque soir maintes célébrités de la littérature et de la politique ; d'autres encore, où les hommes du jour se réunissaient pour discuter les intérêts et fixer le plan de campagne de leur parti.

Comme tout cela me sembla étrange, au premier abord ! Mais, maintenant qu'une connaissance un peu prolongée de la vie parisienne m'a fait abandonner mes appréciations d'Oriental frais débarqué, comme tout cela me paraît simple et naturel !

Les Parisiens sont caractérisés par leur goût, qui leur interdit les excentricités et leur fait rechercher, en toutes choses, les proportions les plus justes et l'harmonie la plus complète.

Quelques jours après ma visite aux Musées du Louvre et de Cluny, l'ami qui s'était fait mon guide à Paris, me mena voir un certain nombre de cafés et de brasseries, dont les propriétaires se sont proposé pour but d'imiter les établissements de genre analogue, tels qu'ils existaient il y a plusieurs siècles.

Je ne sais si les habitants de Paris ont éprouvé la même sensation que moi, eux qui sont un peu blasés sur ces choses, pour moi inattendues. Mais je n'ai pu m'empêcher d'exprimer ma surprise et mon admiration, en voyant reproduire, avec une fidélité aussi parfaite, architecture, décoration, écriture, meubles, vaisselle, costumes des âges disparus.

Tout ce que, dans ma toute récente visite aux musées, j'avais vu à l'état de souvenir, réapparaissait ici, en pleine vie, faisant renaître devant moi une époque depuis longtemps évanouie. Les objets mêmes qui, dans les vitrines, ne me disaient pas grand'chose, parlent, dans ces cafés si originalement établis, avec une éloquence irrésistible.

C'est que la dispersion savante de la collection d'antiquités est remplacée ici par l'ordre vivant. Chaque chose est à la place qu'elle occupait autrefois, dans ce qu'on appelle ici « le bon vieux temps ». Et la journée que j'ai passée à parcourir les établissements de ce genre, je ne la regretterai pas.

Elle me vaut une leçon d'histoire, racontée par les choses. J'ai vécu, un moment, de l'existence des hommes qui naissaient, s'agitaient et mouraient dans ces milieux antiques. Et je me suis mieux rendu compte de tout ce que le café d'aujourd'hui fournit d'enseignements sur la société contemporaine, après avoir compris ce qu'avaient été, pour les générations éteintes, la brasserie et le café d'autrefois.

LA FAMILLE

LA FAMILLE

Plus j'étudie l'Occident, plus je suis frappé de la différence qui sépare nos coutumes des institutions européennes. Je cherche en vain à m'expliquer comment les hommes, au fond toujours et partout les mêmes, ont pu arriver à établir, dans les moindres actes de la vie, une variété de formes aussi prodigieuse.

Nulle part, peut-être, cette diversité des conceptions n'est aussi frappante que dans le rôle assigné, en Europe et en Chine, à la famille.

Dans notre vieux monde patriarcal, le gouvernement s'est modelé sur la famille, et la famille, elle-même, constitue un petit gouvernement autonome, soumis, sans doute, aux lois générales du pays, mais jouissant d'une liberté d'action, d'une puissance d'organisation intérieure, qui fait totalement défaut à l'Europe.

La famille chinoise n'est pas, simplement, une collection d'individus unis par les liens du sang. Véritable État dans l'État, elle procède avec la plus complète indépendance, à toutes sortes d'actes qui, ailleurs, sont réglés par la loi.

Ainsi, elle juge en dernier ressort, de façon expéditive et économique, les différends qui peuvent s'élever entre ses membres. Elle remplit même, en assemblée générale, le rôle de tribunal correctionnel, et punit les délits dont se sont rendus coupables ceux qui en font partie. Enfin, elle remplace l'officier de l'état-civil, et enregistre, sans le concours des autorités, naissances, mariages et décès.

Pour le mariage surtout, elle est toute-puissante. Les parents, chez nous, ne consentent pas à l'union des jeunes gens. Ils font l'union. Ils choisissent la femme pour leur fils, le mari pour leur fille. De temps immémorial, les choses se sont passées de cette manière et nous n'avons pas à nous en repentir : le procédé est bon, puisque les résultats en sont excellents.

Il est difficile, en effet, de trouver dans notre pays de mauvais ménages. Sans doute, il existe quelques époux pour lesquels la vie commune est insupportable : grâce à la ressource rarement employée, mais toujours possible, du divorce, ces déshérités du bonheur conjugal tranchent le lien devenu chaîne, sans avoir besoin de recourir au couteau ; encore bien moins au vitriol qui, pendant quelques années, joua un rôle terriblement actif dans les relations matrimoniale d'Europe.

Cette bonne harmonie provient de plusieurs causes.

D'abord, les Chinois se marient très jeunes, presque toujours avant d'avoir atteint l'âge de vingt ans. Et je crois que l'affection développée de si bonne heure, est plus durable. Les jeunes gens ne connaissent pas encore la vie et en font, ensemble, l'apprentissage, C'est là la véritable communauté qui laisse, pour toute l'existence, des traces ineffaçables.

Les enfants sont nombreux : en moyenne, huit par ménage. Si l'enfant est un trait d'union, comme on l'a dit très justement, le ménage doit être d'autant plus uni, que le nombre des bébés sera plus grand. D'ailleurs, la femme est trop occupée par tout ce petit monde, qu'elle élève dans le gynécée, pour avoir le temps de se quereller avec son mari. Unions fertiles, unions heureuses.

Enfin, le choix fait par les parents des futurs est encore une garantie de bonheur pour les époux. Ceci paraît très paradoxal au premier abord. On est tenté de se dire que personne ne saurait être, en pareil cas, meilleur juge que les intéressés.

Erreur considérable. Les jeunes gens sont trop enclins à se laisser guider, entraîner, par la passion du moment, sans calculer les conséquences qui pourront en résulter pour l'avenir. Les parents, qui ont l'expérience de la vie, connaissent leurs enfants mieux que ces derniers ne sauraient se connaître eux-mêmes.

Ils ont le plus grand intérêt à ce que leurs descendants soient heureux : et la raison pure, qui dicte leur choix, est presque toujours bien inspirée.

Mariés dans ces conditions, nos compatriotes ne débutent pas par ces passions brûlantes dont parlent les romans, feux de paille vite éteints. Leur union commence par l'estime, passe par l'amitié et arrive enfin à l'amour durable, amour qui, pour être sérieux et réfléchi, n'en est pas moins plein de charmes.

En Europe, on se marie tout autrement. D'abord, les mariages sont très tardifs. Il en résulte une disproportion forcée entre l'âge du mari et celui de la femme. Or différence d'âge, c'est différence d'habitudes, de sentiments, de manière de voir.

Puis, les enfants ne sont pas assez nombreux. La mère, moins occupée par ces petits charmeurs, a trop de temps à elle pour rêver : et le rêve n'est jamais sain.

Il me faut parler maintenant de la manière dont les mariages se font chez les Européens. On peut dire que le mariage a lieu selon trois procédés.

Les futurs se connaissent de longue date. Ils se sont, tout à leur aise, étudiés et jugés. Ils sont certains d'être faits l'un pour l'autre et ne croient pas pouvoir être heureux l'un sans l'autre.

Une longue expérience personnelle remplace dans ce premier cas, le rôle dévolu chez nous à la sagesse des parents. Je suis convaincu que la plupart de ces mariages, qui sont les véritables mariages d'amour, doivent conduire au bonheur.

Deuxième manière. Les époux se marient par convenances. Ils assortissent la fortune, le rang, la situation. C'est une association commerciale, qui conduit fréquemment à la faillite conjugale... parfois à la banqueroute.

Reste un troisième cas : le mariage à la suite d'un de ces accès d'enthousiasme subit qu'un écrivain ingénieux a qualifiés de « coups de foudre ».

Je ne crois pas que la foudre ait jamais rien fondé de permanent.

Ces passions à première vue se sont trop promptement allumées, pour ne pas devoir bientôt s'éteindre. Le feu, d'ailleurs, en est si violent, qu'il ne saurait trouver, pendant les longues années de la vie, la matière nécessaire pour l'alimenter. Les jeunes fous ont vite fait de manger leur blé en herbe : après un printemps assez court, l'hiver apparaît sans transition.

En résumé, pour que l'union soit heureuse il faut de deux choses l'une : ou que les futurs aient appris à se connaître par une longue fréquentation ; ou que les parents, dans leur sagesse supérieure, se chargent de choisir pour leurs descendants encore inexpérimentés.

En Europe, on n'est pas de cet avis. Je crois qu'on s'y fait de l'amour une idée généralement assez fausse. Dans les romans, chez les poètes, l'amour revêt une forme bizarre : il est dramatique, plein d'imprévu, tourmenté, excentrique, un peu délirant sinon tout à fait fou. J'ai même lu, dans l'œuvre d'un des plus charmants de ces poètes, que le premier devoir des amants c'est de « déraisonner ».

Malgré tout mon respect pour la poésie, je demeure convaincu que c'est le poète qui, ici, déraisonne. L'amour n'a vraiment pas besoin de ces extravagances, qui le troublent. L'amour est une chose très rationnelle, au contraire. Nous n'avons le droit d'aimer que lorsque nous savons pourquoi. L'estime de la part de l'homme, une juste admiration de la part de la femme : voilà la base de l'amour, digne de ce nom. Le reste est tout ce qu'on voudra : engouement, surexcitation, folie ; tout, excepté de l'amour. Et, en fin de compte, toute la poésie qu'on a dépensée sur ce thème exalté, n'est guère poétique. Rien n'est beau que le vrai, et le vrai, seul aimable, est toujours raisonnable. Qui déraisonne, n'aime pas.

Car, enfin, l'amour a un but, qui est le mariage et une fin, qui est l'enfant. On est bien obligé d'en arriver à cette conclusion, à moins qu'on ne veuille plaider en faveur de cette énormité : l'amour pour l'amour ; quelque chose comme l'art pour l'art, en matière d'affection.

Je sais bien que cette thèse étrange est soutenue par nombre d'écrivains et par quelques-uns des meilleurs ; par des penseurs même chez lesquels on ne s'attendrait guère à trouver de ces faiblesses. Ainsi, je n'ai pas été peu stupéfié de voir le grand Balzac, ce terrible réaliste, dans un de ses romans les plus profondément étudiés, qualifier de fin prosaïque, ce dénouement si naturel : la survenance de l'enfant. Je me demande par quel singulier enchaînement d'idées, par suite de quels préjugés héréditaires, un Européen du dix-neuvième siècle, et un analyste si profond du cœur humain ; je me demande par quelle injustifiable aberration, un grand homme comme Balzac a pu en arriver à prononcer cette phrase... barbare. Tant pis ! le mot y est et je ne le regrette pas.

Un bouddhiste fanatique, convaincu que l'existence est un mal et que l'anéantissement complet de l'être constitue le bonheur parfait, peut raisonner ou plutôt déraisonner de cette manière. Il en a le droit, étant donné son système. Qu'un moine, pour lequel notre existence n'est qu'un mauvais rêve et notre terre une vallée de larmes, s'exprime ainsi : il sera conséquent avec lui-même.

Mais un Français moderne, un homme amoureux de toutes les élégances et de tous les raffinements du luxe ; un idolâtre de l'art et de la passion ; un adorateur de la femme et de la beauté ; un artiste exquis, dont chaque ligne enseigne l'amour de la terre, prêche le bonheur d'être au monde et de jouir des beautés de la nature et des merveilles de l'intelligence, un Balzac enfin, parler de la sorte !

Je n'y comprends rien. Ou, plutôt, je commence à entrevoir plus clairement cette vérité, que j'avais déjà pressentie : c'est que l'Europe passe par une crise morale et intellectuelle ; que, malgré sa civilisation florissante ; malgré l'épanouissement prodigieux de ses sciences, de ses lettres et de ses arts, elle tâtonne encore et cherche sa voie ; que, ballotée entre les croyances les plus opposées et les systèmes philosophiques les plus divers, elle n'a pas encore trouvé sa direction définitive. De là ces contradictions qui me choquent, ces illogismes qui me secouent brutalement, au moment même où l'écrivain vient de me ravir par ses peintures les plus délicieuses.

Et je me sens heureux, moi simple oriental, de ne pas trouver trace, dans mes pensées, de ces conflits intérieurs. Voyant les choses telles qu'elles sont, nous cherchons le bonheur où il est : dans la vivante réalité des choses. Nous ne poursuivons pas un rêve mensonger, qui n'existe pas dans les faits et n'y saurait exister. Nous ne demandons pas à la folie de passions orageuses, de rêves troublants, le bonheur que peut fournir seule la conception raisonnable de l'existence.

Aussi, notre idéal est-il bien plus simple. Il n'a point pour objet des adorations mystiques, fausses comme un conte de fées. Il se borne à demander à la vie ce qu'elle peut donner : la tendresse profonde, l'affection mutuelle ; et, pour couronnement de l'édifice conjugal, de nombreuses petites têtes d'enfants, brunes ou blondes, consolation efficace de toutes les misères, espérances joyeuses groupées autour des parents, qui symbolisent leur foi dans l'avenir, constituent la triomphante incarnation de l'amour et assurent à tout jamais le culte le plus légitime : celui des ancêtres qui nous ont faits ce que nous sommes et dont nous transmettons l'enseignement aux générations nouvelles.

UNE VISITE AU PALAIS DE JUSTICE

UNE VISITE AU PALAIS DE JUSTICE

Je vous ai dit, il y a quelques temps, combien j'avais admiré, à Paris, les merveilles entassées dans le palais de l'Exposition universelle. Je veux aujourd'hui vous faire connaître les impressions que m'ont laissées certaines institutions de l'Europe.

Pour commencer, permettez-moi de vous demander quelques explications sur les tribunaux et ce qui s'y rattache. J'ai vu là beaucoup de choses qui m'ont paru très étranges et, pour ne pas me tromper par inexpérience, je désire vous soumettre mes doutes.

Lorsque je montai le grand escalier par lequel on pénètre, à Paris, dans le Palais de Justice, je me rappelai un incident qui s'était passé, peu de temps avant mon départ, au tribunal de Fou-Tchéou.

Devant le sous-préfet-juge Ouang, comparaissait un orphelin, que son oncle avait essayé de dépouiller de sa fortune. L'affaire fut rapidement décidée. Le juge entendit les parties, et, après avoir ordonné la restitution des bien volés, fit administrer vingt-cinq coups de bambou au voleur, pour lui ôter l'envie de recommencer.

Un Européen de ma connaissance se trouvait là. Il me dit qu'il regardait cette façon de procéder comme tout à fait barbare et que, dans son pays, la loi était bien plus humaine.

Vous comprenez combien j'étais curieux de voir de près si, réellement, notre manière d'agir était inférieure, comme on me le disait.

Après après avoir franchi la porte du Palais, je me trouvai devant une espèce de petite boutique, qu'on appelle le vestiaire. Une foule de gens y laissent leur canne et leur chapeau, pour endosser une grande robe noire, à large rabat blanc et se coiffer d'un couvre-chef, noir aussi, rond, aplati à sa partie supérieure, tout à fait semblable à un cache-pot couvert d'étoffe ; cela s'appelle une toque. J'appris que ces messieurs étaient des avocats : nous aurons à en parler, avec plus de détails, dans quelques instants.

Mon guide me fait faire quelques pas et je me trouve dans une vaste salle, où se promènent beaucoup d'avocats et de gens qui viennent là pour obtenir justice ; c'est la *salle des Pas-Perdus*, ainsi nommée, sans doute, parce qu'on perd beaucoup de temps à y marcher de long en large.

A droite et à gauche, s'ouvrent de petites portes, qui donnent accès dans les salles où l'on juge les affaires civiles, c'est-à-dire les discussions d'intérêts entre particuliers.

Les juges sont nommés par le gouvernement, comme en Chine, mais il y en a plusieurs, au lieu d'un seul. Ils sont habillés comme les avocats, sauf quelques détails de couleur et d'ornementation qui diffèrent. Pendant qu'on leur expose les affaires, ils causent tout bas entre eux ; quelquefois, même, ils ont l'air de sommeiller un peu.

J'avais déjà admiré, en Angleterre, les cheveux blancs, communs aux juges et aux gens de loi de tout âge. Je croyais, d'abord, dans ma naïveté, que les soucis d'une existence consacrée à l'examen consciencieux des cas les plus délicats avaient blanchi de si bonne heure la chevelure de tous ces hommes.

Quelle ne fut pas ma surprise, en apprenant qu'il n'y avait là que de faux cheveux, des perruques blanches !

En France, point de perruques. Mais les gens de loi portent un costume bizarre, qu'ils s'empressent d'enlever d'ailleurs, dès qu'ils quittent les salles de justice. Combien je trouve plus simple et plus naturelle la mode chinoise : l'uniforme, que le juge doit porter comme tout autre fonctionnaire de l'Etat !

Lorsque je pénétrai dans la salle, un monsieur, qu'à son costume, je pris d'abord pour un avocat, mais que j'appris plus tard être un avoué, se leva et demanda que l'affaire fût remise à un mois. Le président (c'est le juge en chef), répondit que la cause traînait depuis trop longtemps et qu'il refusait d'accorder le délai. « Alors je fais défaut », s'écria l'avoué. Et il s'en alla, tout tranquillement, avec son client.

J'étais stupéfié de tant d'audace. Je me disais que le juge allait faire saisir immédiatement et bâtonner d'importance cet insolent, qui se permettait de quitter le tribunal, au moment où l'on devait le juger.

Il n'en fut rien. Le président se contenta de condamner ceux qui partaient, à perdre leur procès. Je m'en réjouissais déjà, car, réellement, il n'est pas permis de se moquer ainsi de la justice de son pays. Mais mon compagnon n'ajouta pas peu à mon étonnement, en m'apprenant que cette condamnation ne signifiait rien et que tout était à recommencer : qu'il y avait là une finesse de procédure qui permettait au défaillant de gagner du temps ; et que cela se faisait à chaque instant, d'une manière tout à fait habituelle.

Comprenez-vous cela? Voilà un procès qui dure, déjà depuis des années et qui, maintenant, va traîner de nouveau? Est-ce raisonnable? Notre façon expéditive de juger, en Chine, n'est-elle pas infiniment préférable aux longueurs de la justice européenne, avec les frais ruineux qu'elle entraîne. Car il faut payer, ici, l'avoué, qui cherche dans les lois le moyen d'être habile pour vous ; l'huissier, qui envoie, en votre nom, de petits papiers indéchiffrables ; l'avocat, qui parle à votre place ; le notaire, qui enregistre définitivement les contrats et les garde en dépôt. Quelle complication ! Que de rouages, dont nous nous passons !

Un exemple suffira pour montrer comment la justice chinoise eût traité l'avoué, dont la conduite soulevait en moi une si légitime indignation.

Un jour, une veuve désirant se remarier malgré l'opposition de la famille de son mari, alla consulter un homme très versé dans la connaissance des lois. Il lui rédigea une pétition, qu'elle présenta au juge.

Ce dernier examina l'affaire et donna raison à la veuve.

« Mais, ajouta-t-il, il est visible que ce n'est pas vous qui avez rédigé cette pétition, hérissée de citations de nos lois. Vous avez été aidée par un homme qui aurait dû vous conseiller de vous en rapporter à l'esprit éclairé des juges et de venir dans cette salle, dire simplement quel était votre cas.

« En écrivant pour vous cet acte, votre homme d'affaires a manqué au respect dû à la justice. Je le condamne à trois mois de prison. »

Voilà qui fait comprendre pourquoi nous n'avons pas de gens de loi, dans l'Empire du Milieu.

J'ai voulu savoir dans quel but on avait inventé, en Europe, toutes ces formalités et toutes ces fonctions, inconnues chez nous : or, voici ce que j'ai appris.

Les huissiers, qui étaient autrefois des serviteurs chargés d'ouvrir la porte aux juges, sont chargés, les uns, de prévenir les gens appelés en justice, les autres, de saisir les biens des condamnés.

Les avoués n'existeraient pas, si les avocats connaissaient suffisamment les lois.

Quand aux notaires, ils conservent les actes et gardent le plus longtemps possible l'argent de leurs clients. Quelquefois même ils le dépensent et, alors, on assiste aux ravages d'une épidémie, *nostras* en Europe, mais heureusement inconnue chez nous : l'épidémie de fuite des notaires, qui se sauvent après avoir ruiné leur monde.

Pour les avocats, c'est bien autre chose. Il ne leur suffit pas d'avoir passé leurs examens : si Confucius et Mensius avaient étudié le droit à Paris, ils ne pourraient défendre la veuve et l'orphelin, qu'à cette condition : d'avoir un bel appartement, avec de beaux meubles dedans.

Tout cela nous parait absolument barbare, à nous autres Chinois, habitués à une justice prompte, sans formalités et sans frais. En Europe, cela semble tout naturel.

L'Angleterre nous offre des coutumes plus étranges encore que celles usitées en France. Vous allez vous en convaincre.

Lors de mon passage à Londres, je pus pénétrer dans le local d'une des quatre Compagnies d'Avocats que cette ville a le bonheur de posséder.

Étudiants, avocats et membres du Comité-Directeur de la Compagnie des Avocats, dînent ensemble dans une immense salle. Je trouvai cela très cordial, au premier abord.

Mais, je vis bientôt que la salle était divisée en trois parties.

Sur une estrade élevée, mangeaient les membres du Comité-Directeur. Ils avaient de belles robes, de bon vin et d'excellents plats.

Au-dessous d'eux, une seconde estrade recevait les avocats, revêtus de robes moins belles et fournis de vin moins fin et de plats moins recherchés.

Enfin, plus bas encore, dinaient les étudiants, en robe très ordinaire : ils avaient d'assez mauvais vin et des mets très ordinaires.

A-t-on jamais rien vu de pareil, en Chine? Mais revenons au Palais de Justice de Paris.

Je n'étais pas au bout de mes surprises. Mon compagnon me conduisit à une autre salle, appelée la correctionnelle, où l'on juge de petits crimes.

Il faut que je vous avertisse d'abord de ne pas vous laisser tromper par ces mots : *petits crimes*. Les crimes, en effet, sont, ici, divisés en grands et petits, d'une façon au moins singulière. Si, par exemple, vous faites un faux billet de banque de cinquante francs, vous commettez un grand crime et l'on vous expédie dans une île lointaine, aux travaux forcés.

Si, au contraire, vous vous procurez adroitement cent millions en ruinant vingt mille familles, vous ne pouvez être condamné à plus de trois ans de prison : car vous n'avez commis qu'un petit crime!

Je vis donc condamner à la prison des gens qui n'étaient guère coupables que de peccadilles. J'en entendacquitter d'autres, qui avaient causé des dommages considérables. Car, en Europe, tout dépend du plus ou moins d'habileté du criminel. S'il a fait beaucoup de mal sans trop s'écarter de la loi, il est à peu près sûr d'échapper. Je ne pus m'empêcher de faire remarquer à mon ami, que chez nous, c'était tout le contraire et que l'on condamnait le coupable d'autant plus sévèrement, que sa mauvaise action était plus savamment combinée.

— « Que voulez-vous? me répondit-il. C'est très malheureux, mais nous n'y pouvons rien. La loi est la loi ; on est bien forcé de l'appliquer. Je sais bien que notre procédure fourmille de ces chinoiseries-là...

— Comment! des chinoiseries ! interrompis-je, tout indigné. Mais il n'y a rien de chinois là-dedans ! Venez en Chine! Jamais vous n'y verrez d'abus semblables! »

Il sourit, d'un air un peu gêné et me conduisit à la Cour d'Assises, où l'on juge les grands crimes. La décision est rendue par douze hommes, tirés au sort, appelés jurés, et qui doivent prononcer, non plus d'après la loi, mais, comme en Chine, selon la justice et l'équité. Cela me fit plaisir.

Je vis juger là, entre autres causes, une femme qui, alouse de son mari, lui avait jeté à la figure une espèce de liquide appelé vitriol, qui vous arrache les yeux, vous enlève le nez, vous brûle la chair ; un horrible poison, en un mot.

Je crus d'abord qu'il était impossible qu'une femme traitât son mari d'une façon aussi peu humaine. Je dus me rendre à la triste évidence de la réalité. Ces femmes, me dis-je, n'ont jamais lu Confucius.

Je trouvai, en général, que les jugements de la Cour étaient assez raisonnables. Je fus choqué, cependant, de voir les accusés bien habillés traités avec plus d'égards que ceux qui portaient de vilains vêtements. Chez nous, cela ne peut se faire : nos philosophes nous ont interdit d'avoir égard à ces sortes de distinctions.

En sortant du Palais de Justice, je me rendis tout en face, au Palais du Tribunal de Commerce. J'y admirai un superbe escalier monumental aussi audacieux qu'élégant, et j'y entendis condamner une foule de gens à avoir leurs biens saisis. Il y a là des agréés, qui sont avocats et avoués à la fois. Ils portent un costume encore plus extraordinaire que leurs confrères du Palais de Justice.

Je me retrouvai enfin dans la rue, après avoir assisté, à peu près, à toutes les façons de rendre la justice en ces pays d'Europe.

Le résultat général ne m'avait pas précisément enchanté. Je m'attendais à la perfection : et j'en étais réduit à regretter le sous-préfet-juge Ouang, ses décisions aussi rapides qu'équitables et ses bastonnades vengeresses.

Alors mon esprit se tourna avec ferveur vers le grand Philosophe qui, il y a vingt-cinq siècles, nous donna des mœurs et des lois, aujourd'hui encore, admirables de justice et de simplicité.

« O Confucius ! m'écriai-je. Reçois les bénédictions

d'un de ceux que tu as comblés de tes bienfaits! Grâce
à ton génie, nous vivons à l'abri des fléaux de la justice occidentale! Tu nous as épargné les longs procès,
les chicanes légales, les finesses juridiques et toutes
les ruines qui en découlent.

« Grâce à ta sagesse, toute discussion est éteinte,
aussi vite qu'allumée! Tu nous as préservés des avocats
bavards, des avoués habiles, des huissiers inexorables,
et des notaires qui lèvent le pied.

« Puissions-nous vivre toujours sous la tutelle de
tes prescriptions aussi éclairées que clémentes!

« Puissions-nous faire fumer éternellement devant
la tablette sacrée où est écrit ton nom, les bâtons d'en-
cens, témoignage de la reconnaissance inaltérable de
tes quatre cent millions de disciples. »

AU QUARTIER LATIN

AU QUARTIER LATIN

— Voulez-vous faire un tour au quartier latin ? me dit mon guide.

— Qu'est-ce que le quartier latin ?

— C'est le quartier des Ecoles et des étudiants.

— Je vous suivrai avec plaisir, ne fût-ce que pour comparer vos étudiants avec les nôtres.

Nous traversons la Seine et nous nous trouvons à l'entrée du Boulevard Saint-Michel.

Là, ma vue est frappée tout d'abord par un monument singulier : la Fontaine Saint-Michel. On y voit, en bas, deux espèces de dragons vomissant des torrents d'eau. Plus haut, saint Michel terrasse le diable. Saint

Michel est un ange : il a des ailes et lève son épée menaçante au-dessus d'un démon cornu, tout noir.

Je dois avouer que je fus étonné de rencontrer, en France, ces images fantastiques, que les taoïstes seuls, affectionnent en Chine, mais dont les disciples de Confucius, gens éclairés, ont fait justice depuis longtemps.

Nous remontâmes le boulevard dont le nom de Saint-Michel, dans la langue particulière aux étudiants, se transforme en Boul'Mich ! Je compris tout de suite que ces jeunes gens, toujours pressés par leurs études, ont trouvé un moyen ingénieux de gagner du temps, en abrégeant les noms trop longs : cela me parut fort bien imaginé.

Nous visitâmes d'abord la Sorbonne, qui est la plus antique des institutions universitaires de France. Je me suis laissé dire qu'autrefois, cette Sorbone brûlait, de temps en temps, écrivains et livres qui lui déplaisaient, comme ce Shi-Hoang-Ti, dont la mémoire est vouée, par tout bon Chinois, à l'exécration éternelle. Mais aujourd'hui, cela ne se fait plus, et la Sorbonne se borne à enseigner toutes sortes de belles choses et, surtout, un grand nombre de ces théories dont, jadis, elle aurait fait rôtir les auteurs.

De là, nous nous rendîmes au Collège de France. C'est un vaste établissement, dans lequel les professeurs les plus célèbres sont chargés d'exposer les connaissances les plus élevées, en fait de lettres et de langues, principalement.

Je vis là des hommes universellement connus et

dont j'avais lu souvent les noms dans les gazettes chinoises.

Figurez-vous qu'ils parlent souvent devant des salles à peu près vides. L'un deux, entre autres, avait pour tous auditeurs une vieille dame en lunettes bleues et le cocher qui l'avait amené; ce dernier sommeillait doucement, en attendant que le maître eût fini de révéler les mystères les plus cachés d'une langue de l'intérieur de l'Asie, que personne ne parle plus depuis trois ou quatre mille ans.

A l'Ecole de droit, où il y a beaucoup d'élèves, il me sembla me trouver dans un pays tout à fait bizarre.

Les lois, en Europe, ont en effet, ce caractère singulier, qu'elles tiennent à la fois du passé le plus lointain et du présent le plus immédiat. Aussi, fourmillent-elles des contradictions les plus énormes. Ce qui ne peut manquer de se produire, lorsqu'on veut marier de vieilles croyances, tout à fait étrangères à notre époque, avec les résultats les plus clairs de la science actuelle.

Figurez-vous un homme portant un chapeau moderne et des souliers tels qu'on les faisait du temps de l'empereur Fou-Hi.

Du reste, tous les professeurs sont revêtus de vieux costumes d'une époque très reculée : allusion transparente aux efforts qu'ils font chaque jour, pour concilier l'ancien et le nouveau, les opinions disparues et les vérités récemment découvertes.

Je contemplai encore l'Ecole Polytechnique, où

quelques centaines de jeunes gens étudient les sciences mathématiques les plus hautes. J'admirai ensuite
la magnifique installation de l'Ecole des Mines, qui
fait connaître tous les gisements de minerais utiles à
l'homme et les procédés divers, usités pour l'extraction et le traitement de ces matières si précieuses.

Enfin, j'arrivai à l'Ecole de Médecine. Et, ici je fus
réellement émerveillé.

Je vis les étudiants se presser aux cours, plus nombreux encore qu'à l'École de Droit. Ici, un professeur
détaille avec une précision inouïe, la structure des
éléments les plus imperceptibles du corps humain.
Là, un autre poursuit, dans leur marche à travers nos
organes, les substances minérales et végétales les plus
diverses. Un troisième vous démontre comment fonctionne ce cerveau, siège de toutes nos idées. Il nous
apprend par quels procédés raffinés on arrive, de nos
jours, à mesurer cette chose impondérable et insaisissable : la pensée humaine ! Les professeurs parlent
une langue fort simple et élégante. Ce sont des hommes tout à fait de premier ordre. Je n'en finirais pas,
si je voulais vous raconter, par le détail, tout ce que
je vis et entendis d'admirable et d'entièrement nouveau pour moi.

Si, des Écoles, je passe aux livres d'enseignement,
la supériorité des Européens m'apparait plus grande
encore. Il est impossible de se figurer avec quelle
précision, avec quelle clarté sont rédigés ces volumes,
qui sous un petit format, vous résument une science
tout entière, rendent les plus grandes difficultés in

telligibles pour tous et présentent, chacun, comme un tableau merveilleusement lumineux de la partie traitée. Ensemble et détails, l'on voit tout d'un coup d'œil. Chaque chose est rangée précisément à la place nécessaire. Vous trouvez, immédiatement, tout ce dont vous avez besoin, sans qu'aucun fait inutile vienne embarrasser vos progrès. Il y a, dans ces livres parfaits, une puissance incomparable.

Les étudiants chinois sont bien loin d'être aussi favorisés que leurs collègues d'Europe. Sans doute, nos traités de morale n'ont rien à redouter de la comparaison avec les livres des sages de l'Occident. Mais, pour tout le reste, notre étudiant doit chercher dans d'immenses collections de volumes, les vérités qu'il a besoin de connaître. Sa tâche est considérable : il ne trouve nulle part de besogne toute prête et est obligé de tout ou presque tout faire par lui-même. Son intelligence est astreinte à de plus pénibles efforts. Sa mémoire doit emmagasiner un nombre de faits bien plus grand, dans lesquels il ne voit le plus souvent pas d'autre ordre que celui qu'il saura se créer.

Et pourtant, l'Europe se plaint d'un mal dont je n'ai jamais entendu parler en Chine : le surmenage des étudiants.

Malgré l'excellence de leurs professeurs et la méthode de leurs livres, les étudiants européens sont fatigués par leurs études. Ce phénomène ne peut être attribué qu'à deux causes : la manière d'enseigner, ou la vie menée par les jeunes gens.

Je ne crois pas, cependant, qu'il faille accuser la

manière d'enseigner. Il ne me semble pas possible que des maîtres aussi supérieurs et des livres aussi parfaits puissent fatiguer l'intelligence de l'élève : au contraire, il devrait avoir l'esprit plus libre, puisqu'une grande partie de sa tâche est faite d'avance.

Je suis donc obligé d'attribuer cette fatigue des jeunes cerveaux au genre de vie des étudiants.

L'existence de l'étudiant chinois est, en effet, sérieuse autant que laborieuse. La plupart du temps, il est déjà marié et échappe, par suite, aux tentations et aux dangers du célibat. Il ne connaît guère d'autres distractions que celles qui sont compatibles avec la vie de famille. Des promenades ; quelques amis réunis autour de la théière et échangeant leurs impressions et leurs pensées ; de temps en temps, une partie de cartes ou d'échecs. Voilà, en dehors des fêtes nationales, les seules distractions de nos futurs lettrés. Ils passent le reste de leur temps auprès de leurs professeurs, qu'ils respectent à l'égal de leurs parents, ou courbés sur leurs livres, à la recherche de la vérité.

Lorsqu'ils ont enfin franchi la terrible épreuve des examens, ce sont des réjouissances publiques, de véritables fêtes célébrées en l'honneur des vainqueurs.

L'étudiant européen est presque toujours célibataire. Il est admis, par exemple, qu'on va s'établir au quartier Latin pour travailler, mais aussi pour s'amuser. « Il faut que jeunesse se passe » est un proverbe courant en Europe, inconnu chez nous.

En Allemagne, j'avais vu les étudiants, au sortir des

brasseries, où ils avaient absorbé une quantité prodigieuse de bière, s'assembler dans des salles d'escrime. Là, ils s'amusent à se battre, avec de longues épées appelées rapières. C'est le comble de la gloire d'entailler de longues cicatrices la figure d'un adversaire contre lequel on n'a aucun motif de haine; ou d'avoir soi-même les joues décorées de ces marques d'un jeu aussi absurde que barbare.

Vous ne rencontrerez rien de tel en France. Les étudiants y font bien de l'escrime, mais avec des épées sans pointe; ce n'est pour eux, qu'un exercice physique excellent. Ils sont heureux de toucher leur adversaire, mais seraient désolés de lui faire mal, à plus forte raison, de le blesser.

Mais ce plaisir hygiénique n'est pas le seul amusement des étudiants. D'autres distractions viennent interrompre leur travail.

Et, d'abord, ils font de la politique, fondent des sociétés, prennent part à toutes les luttes intérieures du pays. Occupation fiévreuse, passionnante et auprès de laquelle les études proprement dites paraissent quelque peu ennuyeuses. Parfois, ils protestent en longue file, appelée monôme, contre la décision des autorités et il n'est pas rare de les voir siffler les professeurs dont ils sont mécontents. Si pareille chose arrivait en Chine, je crois que la tablette de Confucius se briserait d'elle-même. Puis, le célibat prolongé des jeunes gens produit toutes sortes de conséquences qui ne peuvent être que nuisibles. La vie sérieuse et calme de l'intérieur domestique est autrement favorable au

travail, que la fréquentation des bals et des brasseries
à jeunes personnes décolletées.

Sans doute, il ne faudrait pas exagérer, croire que
les étudiants passent leur temps à Bullier. Bon nombre
d'entre eux ne connaissent guère que de nom la partie
du quartier où l'on s'amuse, vivent pauvrement et labo-
rieusement dans leurs chambrettes du sixième étage,
et deviennent, à force de travail et de privations, les premiers hommes de France. Eh bien, ce n'est certes pas
parmi ceux-là que l'on rencontrera un grand nombre
de surmenés.

Le travail cérébral peut faire quelques victimes,
quand il est excessif. Mais ce cas est rare. En général,
l'homme d'études est fort de cerveau et bien portant.
Je n'en veux pour preuve que ce fait : c'est que presque tous les savants arrivent à un âge très avancé.

Mais ces savants ont dû, comme de simples étudiants
chinois, vivre de la vie normale, de la vie d'intérieur,
fuir l'existence excitante et fatigante des plaisirs
extérieurs, et s'absorber dans leur grande passion :
l'étude.

Quelle que soit la différence des climats, des méthodes
et de la science elle-même, je pense que c'est par des
procédés anologues, que la nature produit des savants
français et des lettrés chinois.

N'est-ce pas aussi votre avis ?

XXX

Pour traduction conforme:

TCHENG-KI-TONG.

LA JUSTICE POLITIQUE EN CHINE

LA JUSTICE POLITIQUE EN CHINE

La politique intérieure telle qu'on la conçoit en Europe, avec une foule de partis dont chacun cherche à prendre possession du pouvoir, n'existe pas en Chine.

Sans doute, nous avons eu à lutter contre des insurrections. Mais ce sont là des phénomènes toujours partiels, qui ne divisent jamais la nation entière en groupes opposés, en factions rivales. L'histoire de mon pays nous montre les luttes politiques nettement circonscrites sur le terrain dynastique.

Le grand Confucius et les philosophes de son école nous enseignent qu'une dynastie dure aussi longtemps qu'elle s'occupe du bien-être de la nation, qu'elle s'inquiète de l'agriculture, qu'elle sait réserver le trop-plein des années d'abondance pour subvenir aux insuffisances des temps de disette; aussi longtemps en un mot, qu'elle prend les sages mesures par lesquelles le bon père de famille assure, pour le présent et pour l'avenir, l'existence de tous les siens.

Il y a, ici, un naturel et admirable accord entre la théorie et la pratique: entre les doctrines de nos sages et les faits de notre vie historique.

Toutes les fois qu'une dynastie a dû céder la place à une famille nouvelle, vous retrouverez, chez nos historiens, des plaintes, toujours les mêmes, des griefs identiques; canaux et irrigation négligés; agriculture délaissée; magasins de provisions vides de réserves, misère du peuple et mécontentement général.

Le principe du gouvernement n'est jamais en jeu. Le peuple ne demande qu'à vivre sous le régime patriarcal qui lui convient, et que les lettrés n'ont jamais cessé de lui représenter comme l'idéal nécessaire. Du moment que les événements répondent à cette conception primordiale, notre politique n'offre pas de changements. Y a-t-il eu contradiction entre ces aspirations et la réalité: la famille régnante, dans ce cas, a été expulsée, pour faire place à une dynastie plus digne.

Cette simplicité de notre politique a pour expression une simplicité correspondante, dans notre justice.

Les crimes politiques, dans la loi chinoise, peuvent

se diviser nettement en deux catégories bien tranchées :

1° Crimes commis par les fonctionnaires, dans l'exercice de leurs fonctions ;

2° Crimes anti-dynastiques.

Les crimes commis par les fonctionnaires sont punis de trois peines : la prison, le bannissement, la mort.

La prison frappe les délits les moins graves. Le caractère essentiel de cette peine est que nous n'établissons, au point de vue du régime pénitentiaire, aucune différence entre le traitement infligé au détenu de droit commun et celui que subit le condamné politique.

Le banni subit sa peine dans les pays frontières, par exemple en Kashgarie. Le bannissement n'a pas, de caractère infâmant : il est purement afflictif. Ce n'est point chose rare que de voir l'homme ainsi frappé rentrer, après un exil temporaire et être élevé de nouveau à de hautes fonctions. C'est ainsi, par exemple, qu'après la guerre de l'Opium, le vice-roi Ling fut banni. Depuis il a été rappelé et réinstallé dans sa vice-royauté. Le bannissement est donc une leçon sévère, plutôt qu'une peine proprement dite.

La peine de mort est appliquée, dans les cas exceptionnellement graves. J'ai expliqué ailleurs le rôle que joue la Censure, toutes les fois qu'il s'agit de ce châtiment supérieur.

Passons maintenant aux crimes politiques proprement dits, aux crimes anti-dynastiques.

Nos penseurs ont toujours regardé la tranquillité

intérieure comme la base de tout développement et de toute prospérité nationale.

Le renversement d'une dynastie leur apparaît comme le juste châtiment de fautes irréparables, commises dans l'exercice du pouvoir, et dont le souverain déchu, sa famille, ses fonctionnaires, partagent la responsabilité.

De là, toute une série de conséquences, qu'il importe d'exposer.

Toutes les fois qu'un souverain est tombé du pouvoir, il a perdu en même temps rang et fortune. La veille, il était l'homme le plus riche du monde. Le lendemain — s'il survit à sa chute, ce qui est assez rare — il n'est plus que l'homme le plus pauvre de l'empire et n'a d'autre ressource que de faire un métier, comme le premier venu.

Il en est de même pour tous les siens. Les héritiers directs, en général, succombent dans la lutte. Les autres deviennent des hommes privés. Dépouillés de tout titre, de toute dignité et de toute richesse, ils doivent gagner leur vie par le travail.

Sont soumis à la même règle, tous les fonctionnaires, sans exception, qui ont servi l'ancien régime. La nouvelle dynastie leur enlève leurs titres de noblesse, et tout ce qui pouvait les distinguer de la foule, dans laquelle ils sont obligés de se perdre, comme des gouttes d'eau dans l'Océan.

En quelques jours, depuis le haut jusqu'au bas de la hiérarchie, tous les agents politiques, administratifs et militaires quelconques, sont remplacés.

Et, non seulement nous sommes tous habitués à cette idée : qu'à une situation nouvelle il faut des hommes nouveaux ; non seulement nous ne pouvons nous imaginer qu'on nous vienne parler de *droits acquis*, à propos d'hommes politiques qui ont servi un régime frappé de déchéance, mais nous allons, dans cet ordre de pensées, bien plus loin encore.

Dans l'Empire du Milieu, en effet, le serviteur de la famille déchue ne peut point devenir le fonctionnaire du nouveau souverain. L'acceptation de fonctions déférées par celui qui a succédé à votre ancien maître, vous déshonorerait aux yeux de tous, comme à vos propres yeux.

Déchéance imposée par les mœurs, non par les lois.

Il n'est pas d'expression qui puisse dire de quel opprobre se couvrirait celui qui aurait ainsi trahi la cause qu'il servait autrefois. Méprisé par ses anciens amis ; méprisé par les fonctionnaires du nouveau régime ; méprisé par le peuple ; méprisé par sa propre famille qui le fuirait comme un pestiféré, le malheureux n'aurait plus qu'un seul refuge : le suicide.

J'ai dit que ceux des membres de la dynastie détrônée qui ont survécu à la guerre civile, pouvaient vivre tranquillement, à cette seule condition : rentrer dans le rang, renoncer à toute ambition, comme à toute trace de leur ancienne splendeur, et travailler pour vivre.

Cette règle est absolue : elle est appliquée avec une logique impitoyable, conforme d'ailleurs à ce principe exposé plus haut : que le plus grand des criminels, c'est le fauteur de troubles dans l'Etat. Nos philosophes, voyant bien que tout individu qui se livrerait à de pareilles tentatives, causerait nécessairement de grands malheurs : émeutes, insurrections, mort de nombreux citoyens, ont décidé sagement que de deux maux il fallait choisir le moindre ; qu'il était nécessaire de faire mourir un seul homme, pour l'empêcher d'en faire mourir beaucoup d'autres.

Aussi, la peine de mort attend-elle tout membre d'une maison expulsée du trône, qui se livrerait à la moindre tentative d'insubordination. Fait-il acte de prétendant ? Il est puni de mort. Cherche-t-il à grouper autour de lui un noyau d'hommes qui peut devenir dangereux ? La mort. Veut-il s'élever d'une manière quelconque au-dessus de la masse des habitants du pays ? Encore la mort. Songe-t-il même à attirer sur sa personne, à n'importe quel degré et de quelque manière que ce soit, l'attention du pays ou d'une fraction du pays ? La mort, toujours la mort !

Et c'est justice.

Profondément respectueux de ce que nos philosophes nous ont appris être le bien public, nous ne saurions en épargner les ennemis. Aussi, loin de nous attarder, dans ce cas, à des finesses juridiques, à des considérations futiles de procédure, nous marchons droit à l'ennemi, pour le frapper à la tête, comme disait le sage Machiavel.

LES BAS-BLEUS, EN CHINE

LES BAS-BLEUS, EN CHINE

On a tant écrit sur la Chine, qu'il semble que tout ait été déjà dit : politique, géographie, histoire, mœurs, littérature, tout a été analysé, jusques et y compris les sensations fugitives que peuvent éprouver les fumeurs d'opium.

On pourrait donc croire, que tout ce qui peut prêter à développement littéraire a été vu, étudié, épuisé. Il n'en est rien. A côté de la Chine que chacun, aujourd'hui, sait par cœur, il en est une autre, encore inconnue : une Chine qu'on ne voit pas, parce qu'elle se cache modestement, mais qui n'en vaut pas moins la peine d'être étudiée par l'Europe.

C'est de la Chine féminine que je veux parler. L'Européen se fait, en général, de la femme chinoise, une idée très inexacte. Lisez le voyage de Dumont d'Urville : la femme chinoise n'y existe pas. Prenez-vous les récits d'autres voyageurs : la Chinoise y est dépeinte sous les traits peu flatteurs d'une esclave illettrée.

Erreur énorme, qui provient de ce que les Européens, n'étant pas admis à voir nos femmes, les ont dépeintes d'après ouï-dire, ou suivant les données que fournissait au voyageur son imagination, plus ou moins riche. Ces peintures, faites *de chic*, comme on dit en style d'atelier, ne valent forcément que ce que peut valoir toute œuvre d'imagination pure. Essayons de substituer, à ces descriptions fantaisistes, l'image plus simple et plus attrayante de la réalité.

Enfermée dans sa maison, la femme chinoise ne fait guère parler d'elle. En revanche, elle agit puissamment. Elle remplit, dans le silence, ses devoirs de femme et de mère ; aide son mari ou son fils de ses conseils, souvent plus réfléchis, plus prudents et plus sages que les décisions de l'homme.

Notre gouvernement a très bien su apprécier ce rôle de la femme : il la récompense souvent, en lui accordant des titres, des honneurs qui lui donnent même le droit de porter l'uniforme. Bien plus, en l'absence du mari, pour les cas d'urgence, la femme du fonctionnaire chinois a le droit de prendre connaissance des affaires et de leur donner la décision qu'elle croit convenable.

Ainsi avantagée par nos coutumes privées et publiques, la femme chinoise ne saurait être saint-simonienne. Émancipée, elle n'a pas lieu de réclamer son émancipation : elle tient, à côté de l'homme, une place assez importante pour n'avoir pas à demander davantage.

La nature destine l'homme et la femme à faire œuvre commune, à associer leurs forces. La concurrence, ici, n'a pas de raison d'être. L'homme, pour sa part, n'est que trop heureux de partager bonheur et honneurs avec celle qu'il aime; la femme, de son côté, sachant bien que, seule, elle ne peut arriver à toute cette prospérité, a tout intérêt à pousser son mari, à coopérer à son élévation. Même douée du plus grand talent, la modestie est encore le plus bel ornement de la femme. Quelle plus belle destinée que celle d'un être plein de grâce et d'intelligence, qui sait se dévouer et rester dans l'obscurité?

Il est cependant des femmes que les circonstances ont amenées à exercer une action tout individuelle. Aussi, depuis l'antiquité jusqu'à nos jours, la Chine célèbre-t-elle ses héroïnes, ses historiennes, ses femmes-poètes ou auteurs; jamais, par exemple — je me hâte de l'ajouter — mon pays n'a connu une seule femme politique.

Et nous n'avons qu'à nous en féliciter. Artiste et poète, plus que l'homme, la femme se trouvera d'autant moins à l'aise dans l'action publique qu'elle aimera davantage le vrai et le beau : or beauté et vérité n'ont rien à faire avec la politique. Que la femme s'en tienne aussi éloignée que possible : elle y gagnera beaucoup... et nous aussi.

Les « femmes-auteurs » sont, au contraire, très nombreuses en Chine et très estimées, comme on va le voir dans le courant de cet exposé très sommaire.

Lorsque Confucius composa le Chi-King, ou *Livre des Vers*, il mit à la tête de ce recueil de trois cents odes, des strophes dues à l'inspiration d'une jeune fille.

Plus tard, au premier siècle, sous la dynastie des Han postérieurs, Mme Tsao-Tchao continua le traité d'histoire contemporaine, resté inachevé par suite de la mort de son frère, Pang-Kou. Elle fut chargée d'enseigner la littérature à l'impératrice et aux grandes dames de la cour.

Vers la même époque, c'est une grande dame, du nom de Ouei-Fou-jen, qui devient professeur d'écriture de Ouang-You-Kung, le calligraphe célèbre, auquel la Chine doit le meilleur modèle de ses caractères.

Sous les Thangs (de 684 à 701), une jeune fille, Mlle Tcheng-Tchao-Yung, occupe, pendant vingt ans, le poste de chef du cabinet des affaires de l'impératrice Tien-Hiao : pendant la durée de ses fonctions, aucun lettré de l'empire ne se vit délaissé et l'instruction littéraire reçut tous les encouragements possibles.

Une dame Li-Tsing-Tchao publie au dixième siècle plusieurs mélodies célèbres. Ses ouvrages sont reconnus encore aujourd'hui comme supérieurs à ceux des lettrés les plus distingués de la même époque.

Il faut que je m'arrête plus particulièrement aux femmes-poètes : de tout temps, elles ont été, chez nous, très nombreuses; l'Empire du Milieu, sous ce rapport, ne le cède en rien à l'Occident; peut-être même, la muse nous a-t-elle mieux traités. Il n'est guère en effet, de femme chinoise des classes supérieures, qui ne sache faire des vers.

Les sujets favoris de leurs poésies sont toujours les fleurs, la lune, les oiseaux, le zéphyr, la musique; tous ces thèmes gracieux qui frappent l'imagination et dont la douceur s'harmonise si bien avec le caractère féminin. La femme aura toujours tendance à s'envoler vers ces régions plus délicatement poétiques, où elle se sent plus à l'aise, où elle est vraiment *chez elle*.

Voici quelques échantillons de poésies, composées par des femmes, et que je soumets avec confiance au jugement de mes lecteurs :

LE PRINTEMPS

Le froid qui règne, ne me permet pas encore d'ouvrir les stores de ma fenêtre.

Pourtant, les quatre-vingt-dix jours du printemps vont être bientôt écoulés.

Tout en jouant, je fabrique, avec des papiers multicolores, des drapeaux que je planterai au jardin.

Je veux qu'ils protègent, contre le vent et la pluie, les boutons des fleurs.

Une explication est ici nécessaire : les drapeaux en

question étaient, par une antique superstition, voués
à la reine des fleurs : en même temps, on y attachait
des grelots, dont le son effrayait les oiseaux et préser-
vait les semences.

FIN DE PRINTEMPS

Sur dix arbres, neuf sont dépouillés de fleurs.

Comment en serait-il autrement, après tant de pluies,
    secondées par tant de vent !

Seules, les araignées font tous leurs efforts pour
    retenir un semblant de printemps,
Et réussissent, dans le coin du jardin, à amasser
    quelques pétales dans le filet de leurs toiles.

N'y a-t-il pas quelque chose de tout à fait original
dans cette façon d'interpréter les plus petits détails de
nature : et, pourtant, l'image est très vraie.

La philosophie ne manque pas à nos « dixièmes
muses ». Témoin l'application suivante de la théorie
des causes finales :

LE TEMPS SOMBRE DU PRINTEMPS

La Providence aime trop les fleurs,

Pour ne pas veiller avec soin à leur température ;

De peur que la pluie ne soit trop froide, le soleil
    trop chaud, pour ses préférées,

La Providence veut qu'il fasse sombre, pendant la floraison.

La saison chaude, elle aussi, a ses poètes : on le verra par les vers qui suivent :

AU COMMENCEMENT DE L'ÉTÉ

Je ne crois pas qu'après le printemps, les beaux jours doivent être rares.

Car, derrière ma fenêtre, abritée par l'ombrage verdoyant, je puis mieux étudier la nature.

Et, que vois-je? Les papillons, un peu frêles encore, voltigent gracieusement, après la pluie bienfaisante.

Et les pétales des fleurs tombent silencieusement, d'eux-mêmes, sans être maltraités par le vent.

Lasse, enfin, de regarder, j'ouvre le King sacré du Bouddha et cherche à en déchiffrer les phrases mystérieuses, au sens caché.

Je n'ai interrompu ce travail, que pour jouer un air sur ma guitare, lorsque j'ai éprouvé le besoin de me distraire.

J'avais fermé ma fenêtre : mais je la rouvre aussitôt,

Me rappelant que les hirondelles, dont le nid est au plafond de ma chambre, ne sont pas encore rentrées.

Cette peinture paraîtra étrange peut-être; mais,

certainement c'est un tableau vrai, profondément senti et de délicatesse toute féminine.

Dans la pièce qu'on va lire, il ne s'agit plus de description, la femme dit adieu à celui qu'elle aime et lui fait ses dernières recommandations :

A MON MARI, PARTANT POUR LE GRAND CONCOURS LITTÉRAIRE

Depuis un an, nous avons préparé vos bagages.

Et, aujourd'hui, il faut partir.

En votre absence, qui donc appréciera mes vers ?

Quand je ne serai plus à vos côtés, hélas ! soignez du moins votre santé !

Je sais que votre affection pour moi vous forcera à revenir au plus vite.

Pourtant, je crains toujours que vos succès ne vous retiennent un peu trop longtemps.

N'ayez aucune crainte pour vos parents, pour vos enfants, auprès desquels je vous remplacerai dignement.

Ecrivez-nous souvent et envoyez-nous beaucoup de vos poésies.

J'ai réservé pour la fin des vers tout différents de ce qu'on a vu jusqu'ici : la *Tisseuse* est connue de tous, en Chine ; le lecteur, j'en suis sûr d'avance, dira comme moi que la faveur dont jouit ce poème auprès du public chinois est parfaitement méritée.

LA TISSEUSE

Le clair de lune d'automne est blanc comme la neige ;

Le vent d'automne, comme un fer, me coupe le visage

Une lampe pâle, placée à côté de mon métier,

M'éclaire toute la nuit et, seule, me tient compagnie
pendant que je tisse.

Le produit d'une nuit passée à veiller n'est que de
quelques mètres ;

Celui de deux veilles ne me donne pas encore la matière d'une pièce.

J'ai bien besoin de repos. Mais le souci du lendemain
m'empêche d'y penser.

Hier, en allant à la ville, vendre le fruit de mes
veilles,

J'ai vu la splendide corbeille d'une riche mariée,

Composée de plusieurs milliers de pièces de soie et
de douze malles, pleines de vêtements.

Qu'elle est heureuse, cette mariée qui, sans connaitre le mûrier ni le vers à soie, possède
tant de robes !

Je rentre triste et pleure, devant mon métier, en pen-
sant à ma malheureuse personne,

Qui passe sa vie à fournir les vêtements pour d'autres... qui se marient !

Dans un mouvement de désespoir, je saisis les ciseaux,
pour couper mon étoffe !...

En me couchant, j'entends les grillons, qui crient dans la cour, comme pour m'appeler et me dire de me mettre de nouveau au travail.

Je ne connais rien de plus douloureux que la plainte de cette pauvre fille ; que ces accents à la fois si doux et si mélancoliques de l'ouvrière.

Pour aujourd'hui, j'en reste là, je crois avoir donné par les extraits reproduits ci-dessus une idée approximative de la valeur littéraire de nos femmes-poètes. Je serai heureux, si le lecteur trouve aussi qu'il se dégage une véritable poésie de ces productions des bas-bleus chinois.

FIN

TABLE DES MATIÈRES

Pages

Préface

Le Mariage.. 3

La Fièvre... 13

L'Exposition Universelle de 1889...................... 21

Le Tour du Monde en 72 jours.......................... 37

Une Première.. 49

Les Morts... 65

L'Ombre chinoise...................................... 77

Si ?.. 83

Le Duel... 93

La Villégiature....................................... 103

Une Visite au Musée du Louvre 113

En Ballon... 123

A la Bourse... 131

Dans le Train... 141

Les Grands Magasins................................... 151

Au Grand Prix... 159

La Presse... 169

A travers champs...................................... 179

La Bibliothèque nationale............................. 189

Les Cirques... 201

Un Cabinet de lecture................................. 211

Les Cafés de Paris 221

La Famille.. 231

Une Visite au Palais de Justice....................... 241

Au Quartier latin 253

La Justice politique en Chine......................... 263

Les *Bas-bleus*, en Chine............................. 271

PARIS. — Imprimerie FERDINAND IMBERT, rue des Canettes 7.